삶 60

초판 1쇄 발행 2025년 4월 5일

지은이 원기왕성
펴낸이 장길수
펴낸곳 지식과감성#
출판등록 제2012-000081호

교정 정은솔
디자인 강샛별, 김희영
편집 강샛별
검수 김나현, 정윤솔
마케팅 김윤길

주소 서울시 금천구 벚꽃로298 대륭포스트타워6차 1212호
전화 070-4651-3730~4
팩스 070-4325-7006
이메일 ksbookup@naver.com
홈페이지 www.knsbookup.com

ISBN 979-11-392-2504-4(03810)
값 12,000원

- 이 책의 판권은 지은이에게 있습니다.
- 이 책 내용의 전부 또는 일부를 재사용하려면 반드시 지은이의 서면 동의를 받아야 합니다.
- 잘못된 책은 구입하신 곳에서 바꾸어 드립니다.

지식과감성#
홈페이지 바로가기

원기왕성 수필집

삶
60
내 60년 돌아봄
60년 살아보니

현대를 살아가는 우리 청년들에게,
은근함과 요란하지 않음의 무게에 대한 교훈을 주고자 합니다.

지식과감정#

차례

프롤로그   6

옛날 꼰대   8
어떤 아이   34
모정(母情)   36
애들 쌈 어른 싸움   44
그 아이의 유년 시절   65
완고한 아버지, 그 뜻에 짜이듯 맞춰진 장남의 길   93
아버지와의 갈등 그리고 엄마에게 못다 함의 후회   99
엄마와의 이별   110
감자꽃 사랑   115
아버지와의 또 다른 갈등   123
아버지와 자존심   126
아버지의 별세   133
삶   144

에필로그   151

프롤로그

해방 이후, 우리나라 근대화론 중 받아들일 수 없는 치욕적인 주장도 일부 있지만,

모든 이론과 주장들을 통틀어
가장 앞서고 부정할 수 없는 것은

우리 선조의 우직하고 끈기 있는 민족성에 있다고 믿고 있는 본인은.

장르를 비켜 가며 가상의 인물과 소재로 옛날 꼰대를 만들었고, 이를 통해 현대를 살아가는

**우리 청년들에게
은근함과 요란하지 않음의 무게에 대한
교훈을 주고자 합니다.**

또한,

각박하고 몰인정한 지금 이 시대의 무한 경쟁사회 구조,

그 속에서 한 인간의 삶을 통해,

잠자고 있는 인간적 감성을 끌어내고, 올바른 정서를……

찾아 주고 싶었습니다.

시대적 변환기에서 억압, 고통, 굶주림, 온갖 어려움을 겪으며 살아왔으며,

지금 이 현실 사회에서의 주역으로 살아가는 기성세대들에게

이 책을 통해

나를 돌아볼 수 있는 계기와

포근한 기억을 찾아 주고 싶었고,

또 후세를 잘 이끌어 가는 길에 있어 부끄럽지 않도록, 모범적이어야 한다는 책임 의식도

담아 주고 싶습니다…….

옛날 꼰대

"큰형님. 집, 싹 다 헐어 버리구 언덕배기 들깨 심은 땅에다 다시 짓구 집터는 내놓읍시다요."

"안 된다!"

대한은 단칼에 딱 잘라 말하고서 무너진 방죽 논 아래로 다시 내려간다.

"큰형님은 그 땅이 없어두 발에 밟히는 게 거의 큰형님 땅이잖유."

대한은 바지를 접어 올리기는 했지만, 진흙에 범벅돼서 몇 걸음만 떼면 흘러내리기를 반복했고, 새마을 운동 마크가 누리끼리하게 바랜 초록색 모자는 땀에 찌들어 허옇게 물감을 칠해 놓은 것같이 소금기가 얼룩져 있었다.

목덜미가 늘어져 축 처진 러닝셔츠는 금방이라도 찢어져 버릴 것 같았고, 신고 왔던 검정 고무신은 논두렁 한쪽에 나뒹굴고 있다.

"야 이눔아, 어서 와서 이 돌을 밀어 보든지 삽질을 해 주든지 해 봐."

대한의 이곳 논은 일 년 열두 달, 물이 솟는 물 논이었고, 이번 여름 장마에 논 아래 둑이 무너져 내렸다.

노인들 말로 평생에 겪어 보지 못한 비였다고 할 정도로 장맛비가 엄청나게 내렸고, 지대가 높아 논마다 둑이 있는 다랭이논은 항상 물을 머금고 있던 터라 이번 큰비에 한쪽 둑이 아예 터져 버린 것이다.

대한의 머릿속은 복잡하다 못해 심란한 상태이다. 아직 가 보진 못했지만, 언덕배기 너머에 있는 고추밭이 엉망이란다. 산비탈 쪽으로 무너져 내린 토사에 길이 없어질 정도가 됐다 하고, 이곳은 이곳대로 아래 논은 벼 나락이 거의 쓰러져 못 먹게 됐지, 무너진 둑은 감당이 안 되지, 막막하기만 하다.

그렇지만 **대한**은 다른 사람 손을 사지 않는다. 오로지 나이 차이로는 조카뻘 되는 사촌 동생 **민국**이만 죽을 맛이다.

"형님 내일부터는유, 사람을 두어 명만 품을 사서 한 이틀 뚝딱 해 치웁시다요. 날은 덥고 둘이서 할라니까 손발은 안 맞고 힘들어 못 하겠어유."

"야 이눔아, 품은 무슨 품을 사.

너는 태어나지도 않을 때라서 잘 모르겠지만 옛날엔 말여, 농사를 짓고 싶어두 땅이 없어서 그러질 못혔어. 내가 보통학교도 가기 전 그 시절엔!

지금은 사람들이 잘 가지도 않지만, 광산골 아래쪽 돌무더기 터에 아부지 엄니 따라다니며 바윗돌, 자갈돌 전부 골라내고, 밭을 만들어서 고구마 심고 옥수수 심어 먹었어. 그런 땅마저도 우리 것이 아닌 나라 땅이었지.

한겨울 눈이 쌓이고 땅이 얼어서 일을 못 할 정도나 되고, 장마철만 아니면 거기서 살다시피 해 가며 밭을 만들었어, 지금 이거는 호강하는 겨.

먹는 거나 지금처럼 든든하게 먹을 수 있간, 감자나 몇 개 찌구 가끔 가다 아버지 막걸리 주전자가 전부였지. 그렇게 다니기를 몇 해를 하면서 밭뙈기 하나씩 겨우겨우 만들면서 농사지어 먹고 살았어. 이 눔아.

너는 시방 복에 겨워서 하는 소리여, 그때는 일을 하고 싶어두 일할 수 있는 땅이 없었단 말여.”

대한이 저 멀리 산등성이 쪽을 한동안 바라보며 생각에 잠기는 듯하더니 다시 한마디 한다.

“지금은 가끔 농사 안 짓고 놀리는 땅도 눈에 띄는디, 그걸 보면 나는 가슴에서 천불이 날 정도여. 암만 옛날보다 먹고살 만하다고 해도 땅을 놀려? 하고 말여. 그게 솔직한 내 맘여.”

“그때는 그때구유, 당장 지금은 일이 엄청나게 많쥬. 어쨋건 간에 오늘은 그만 하시자구유. 하루이틀 한다고 될 일도 아니구, 그만하구 경로당 앞에나 가보자구유. 며칠 있다가 돌아오는 반공일에 과수원집 큰아들 혼례 치른다는디, 돼지를 두 마리씩이나 잡는답디다. 그래서 미리 돼지 잡을 준비도 해 놓구, 과수원집에서 미리 한잔 낸다 하구유.”

“돼지 잡는 날도 아닌데 무슨 한잔을 낸다냐.”

“아~ 있는 집이니까 돼지 잡을 사람들 한턱낼 겸 큰아들 장가보내는 경사인디, 좋자고 한잔하려는가 봐유.”

"거기 갈 새가 어딨어. 며칠이 걸리든 하루라도 빨리 여기 마무리 짓고 고추밭에도 가 봐야 할 거 아니냐, 나는 고추밭에도 빨리 가 봐야 하는디 속상해서 발걸음이 향하질 않는다."
"저는, 인자는 하고 싶어두 맥이 빠져서 할 힘도 없어유."
민국이 돌무더기에 털썩 걸터앉으며 다시 구시렁거리듯 말한다.
"큰형님, 내일 새벽같이 나와서 선선할 때 많이 해 놓고 오늘은 그만합시다요. 힘든 것도 힘든 거지만 날은 덥구 막걸리 잔이 눈에 밟혀서 못 하겠어유."
"어허 그놈, 그럼 연장 대충 챙겨라. 가자."

경로당 앞, 동네 사람들이 거의 다 모인 것 같은데 시끌벅적 마치 오늘이 잔칫날 같다.
"어이 대한이 논에 갔다 오는가, 어때 둑이 많이 무너졌지? 그거 다 손볼라구 하면 애 좀 먹을 겨. 그건 그렇구 이리 와서 막걸리나 한잔햐."
대한이 사람들 틈에 비집고 앉는다.
"아저씨는 벌써 한잔 되셨네유."
"그려, 나야 술 먹는 게 일 아닌감. 오늘도 아침부터 기분 삼삼햐~ 그나저나 신작로 나는 거, 그거 생각 좀 해 봤는가?"
대한의 당숙 뻘 되는 아저씨는 대한의 눈치를 살펴 가며 집터 얘기를 꺼낸다.
"생각해 보나 마나 안 돼유."

"그렇게 무 자르듯이 댕강 자르지 말고 어떻게 되는 쪽으로 생각 좀 혀 봐. 물론 다른 땅도 아니고 집터니까 나도 딱 뭐라고 말할 순 없지만, 그래도 증조부 적부터 이 동네 뿌리를 내린 우리 집안 아닌가. 동네를 위해서 어렵겠지만 좋게 좀 결단을 해 주면 좋지 않겠어? 여러 사람 좋은 일 하는 거 아녀."

당숙 아저씨가 따라 놓았던 막걸리를 손가락으로 휘휘 저어 쭉 들이켜고는 빈 잔을 대한 앞에 내려놓는다.

"자 한 잔 받어."

"아저씨, 제가 다른 땅이면 이렇게 깊게 생각하지두 않어유, 그런데 그 집이 어떤 집입니까요! 우리 아부지 엄니가 없는 살림에 보리쌀 한 말, 수젓가락 두 벌 갖고 시작해서 피눈물 흘려 가며 장만한 집이잖아유. 그런 집을 제가 손댄다는 건 상상도 못 해유."

대한이 막걸리 사발을 들어 벌컥벌컥 한 번에 마셔 버린다.

"알지. 내가 왜 몰러, 고생하신 거 알지, 자 술이나 한 잔 더 들어."

막걸리 잔이 두어 잔 더 오고 간다.

사실 그 집은 대한의 부모님께서 어려운 시절 굶기를 밥 먹듯이 하고 밤낮없이 일해 가며 마련했던 터전이었고, 그 과정을 지켜보며 자라 왔던 대한으로선 그 집을 감히 본인의 손으로 처분할 수는 없는 일이었다.

대한의 부모님, 특히 어머니는 그 후로도 끊임없이 농사짓고 돈 만들어 땅 사고, 품 팔고 돈 만들어 땅 사고를 반복하셔서 지금은 동네서 아니, 면내에서 몇째 안 가는 땅 부자가 돼서 자식인 대한에게 물려 주셨던 것이다.

그런 아버지, 어머니의 분신과도 같은 집을 헐자 하니 대한 입장에서는 기가 막히고 한마디로 말을 섞고 싶은 가치가 없었다.

그렇게 술잔이 여러 번 오고 가더니 기어이 탈이 나고 말았다. 당숙 아저씨의 고약한 술버릇이 나온 것이다.

"조카 너무 그러지 말어. 우리 집안이 그래도 이 동네서 뿌리를 내리고 산 지가 오래됐고, 조부님은 학문깨나 한 양반에다가 동네 일이라면 팔 걷어붙이고 나서시니까 이 동네에선 그래도 좋은 소리 많이 듣고 사신 양반인디, 자네가 그걸 흐려지게 하고 욕되게 해서야 되겠는가, 못써 이 사람아."

"아저씨 제가 할아버지를 욕되게 한다구유?

조부모님 얘기 나올 때, 다른 사람은 몰라두 아저씨는 그렇게 말씀하시고 말참견하시면 안 되쥬. 솔직한 얘기로 아저씨가 할아버지한테 가져간 돈이 얼마고, 팔아먹은 땅이 얼마큼여유. 나도 들어서 다 알고 있어유, 왜 이래유."

옆에서 다른 사람들이 대한을 말리려고 해 보지만, 이 집터 문제로 이제까지 꾹꾹 참아 왔던 대한의 성깔이 봇물 터지듯 터져 버렸고 일은 커져 버렸다.

"아저씨가 이 동네 대변인이구, 아저씨만 좋은 사람이구 경우 바른 사람인감유?

나만 못된 눔이구 지 욕심만 차리는 놈여유? 저두 지 나름대로 사정이 있구 이유가 있단 말여유…."

옛날 꼰대 **13**

대한이 한잔 얼큰한 데다가 흥분한 상태여서 사투리가 섞여 나오지만, 말은 빠르게 쏘아붙인다.

"뭐라고. 뭐여? 이 자식아, 돈이 어쩌고 어째?"

이제 **대한**의 당숙 아저씨는 거의 인사불성이 돼 간다. 욕 정도가 아니라 육두문자를 써 가며 못 할 말이 없을 기세다.

"그만해유, 이러다가 큰 집안 쌈 나겠어유."

어른들 말다툼에 안절부절 어쩔 줄 몰라 하던 **민국**이, 아저씨와 대한 사이를 갈라놓으며 대한을 끌어안고는 일어선다. 대한도 많이 취했다.

"아저씨 앞으로는유… 내 앞에서, 우리 집터 얘기, 신작로 얘기 다시는 꺼내지 말어유, 집터를 내놓고 안 내놓고는 내 맘이구, 아저씨가 이래라저래라 할 말이 아녀유. 더 그러시면 인자는 가만히 안 있어유."

"아니 저눔 봐라, 가만히 안 있으면 어떡헐래!"

"자꾸 집터 얘기 계속하면 내일부터 당분간 제 얼굴 보기 참 어려울 거유."

대한도 참지 않고 같이 소리 지르며 물러서지 않는다. 어느덧 동네 사람들이 여기저기서 수군수군 신작로 얘기로 이야기판이 벌어졌지만, **대한**은 사촌 동생에 이끌려 집으로 향하고 있었다.

"**민국**아 나 어렸을 때는 말여…

일! 무지하게 많이 하고 살았다."

사촌 동생의 어깨에 매달리다시피 부축을 받아 가며 오는 와중에도 **대한**은 끊임없이 말을 이어 간다.

"나는 학교에 들어가구 열두 살 때부터 내 지게가 따로 있었다.
 아부지가 남자는 배워야 한다고 학교는 보내 주시더라. 학교 끝나고 집에 오면, 지게 지고 나무하고 쇠꼴 베러, 들로 산으로 징글징글하게 많이 다녔다.
 밥 먹었으면 밥값을 해야 한다는 아부지의 철칙 때문에 말이다.
 아부지는 일하지 않는 사람은 먹을 자격도 없다는 생각이 확고하셨어. 일하고 집에 와서 힘드니까 어떤 날은 저녁밥 차리기도 전에 쓰러져 잠들 때가 있었다. 자다가 꿈속인지 현실인지 비몽사몽, 아부지 목소리가 들렸다.
 '깨우지 마. 집 나가 있는 놈 것은 남겨 놔도 자는 놈 것은 없는 거다. 그냥 먹어.'
 물론 그 소리에 벌떡 일어나서 밥을 먹긴 먹었지만 말이다.
 그런 일도 있었어. 정말 그때는 먹는 거나 제대로 먹을 수 있었나 밥이라고는 하루에 한 끼 정도, 그것도 전부가 보리쌀에 말린 강낭콩 몇 알 섞인 보리밥이나, 배급으로 나온 밀가루로 반죽해서 만든 칼국수, 수제비가 전부였다. 나머지는 감자죽, 호박 풀대, 그런 걸로 끼니를 때우고 나무하고 밭매고, 그러면서 살았어. 이눔아.
 지금은 호강하고 사는 줄 알아야 혀, 부지런하기만 하면 밥은 실컷 먹을 수 있지 않으냐 말이다.
 민국아. 우리 집에 가서 한잔 더 하고 가자!"

"오늘은 그만 혀유.

큰형님 기분두 별루인 것 같구, 저두 많이 먹었구유, 오늘은 그만 혀유."

대한이 새벽같이 일어나 펌프 안으로 물을 한 바가지 붓고는 손잡이를 거칠게 잡아 올려 요란하게 펌프질을 해 댄다.

잠시 후 펌프 안이 꿀렁꿀렁하더니 물이 나오기 시작하고, 대한은 한 손으로 바가지를 집어 펌프 주둥이에 대 가며 몇 번을 헹구고는 물을 가득 담고서야 펌프질을 멈춘다.

벌컥벌컥 흘리는 게 더 많지만 한 바가지를 전부 마셔 버리고는 큰 고무 다라통 물 위에 툭 던져 버린다.

후~ 후~

숨을 크게 들이마시고 내쉬기를 서너 차례 한 대한은, 물이 가득 찬 통에 머리를 내리꽂듯이 담갔다 빼냈다 를 숨을 몰아쉬며 반복한다, 아직도 술이 덜 깬 것이다.

옆에 놓인 비누통을 더듬거려 세숫비누인지 빨랫비누인지 모르겠지만 집어서 비누칠을 잔뜩 하고는 머리를 감아 여러 차례 헹군다.

"대한이 있는가."

"이장님이 식전부터 어쩐 일이시래유."

"내가 어제 면에 볼일이 좀 있어서 나갔다가 왔더니, 자네 당숙하고 한바탕했다면서."

"한바탕은 무슨 한바탕유. 그냥 그랬어유."

"그나저나 집터 문제 잘 좀 생각해 주게. 자네 당숙이 술이 과해서 좀 심하게 얘기했던 것도 같던데, 물론 자네도 맘 아프고 아쉽겠지만, 동네 사람들 생각해서 좋은 쪽으로 좀 생각해 주게나."

"좋은 쪽이 어떤 쪽이유.

이장님두 아시겠지만, 이 집이 어떤 집인감유, 우리 엄니 아부지 혼이 들어가 있구, 넋이 담겨진 집 아녀유. 그것을 내 손으로 헐어 버리라고유.

나는 그렇게는 못 해유, 이장님두 그렇게 말씀하시려거든 그 얘기 꺼내지도 마셔유."

"아! 이 사람 대한이, 그 신작로가 자네 이 집터로 지나지 않으면 낼 수가 없는 거 아니겠는가?

자네도 알다시피 한쪽은 개울둑 또 다른 쪽은 이 동네 수호신과도 같은 당산나무가 자리 잡고 있구, 바위 벼랑이 막고 있어 우리 동네로 큰길이 들어올 방법이 없지를 않은가.

자네 심경이 복잡한 것은 내가 백 번이구 천 번이구 알지. 근디 이번 기회에 신작로를 못 내면 우리 동네는 영영 도로를 낼 수가 없고, 하루 두세 번씩 오기로 한 버스도 여기까지밖에 오질 못하지 않는가. 내가 이렇게 또 부탁하네."

대한 아내가 밥상을 차려 들고 들어온다.

"이장님 식전이시면 아침이나 같이 드셔유. 이장님 식사도 같이 차렸네유."

"아녀, 나는 생각도 없구 집에서 그냥 입은 다셨어."

옛날 꼰대 17

"그럼 저만 먹어유."

대한이 멀겋게 끓여 온 콩나물국에 밥을 크게 한술 떠서 말고는 후루룩, 후루룩 마시듯이 먹어 치운다.

"이장님두 이제 저한티 그만 미련 버리셔유. 안 되는 건, 안 되는 거여유. 지가 어제두 말했지만 다른 땅은 전부를 달래도 줄 수가 있어유. 근디 이 집만은 안 돼유."

"그럼 어떡하나 이 사람아, 다음 주면 신작로 공사 예산을 잡아 놓아야 하는 마감이라는디, 자네 땅 문제가 해결이 나야 우리 동네까지 신작로를 낼 수가 있다는 것이고, 아니면 여기 당산나무까지만 내고 말아야 한다는 거여. 그렇게 되면, 아닌 말로 자네는 이 동네에서 어떻게 얼굴을 들고 다닌단 말인가."

"아니 이장님! 얼굴 못 들고 다닐 거는 또 뭐래유.

입장을 바꿔 놓고 생각을 해 봐유. 이장님 같으면 그렇게 할 수 있겠어유? 이장님까지 그렇게 말씀하시면 제가 많이 서운하지유."

"내가 자네 맘을 알긴 하지만 나도 이장으로서 어떻게 방법이 없으니까 그러는 거 아닌가.

거기다가 자네가 어제 당숙한티 당분간 내 얼굴 보기 힘들 거라고 했다니까, 내가 맘이 더 급한 것이여. 마감까지 며칠 남지 않았으니까 말여. 어떻게 맘 좀 바꿔 봐 이 사람아."

"맘을 어떻게 바꾸란 말여유. 집을 헐자는 얘기잖어유.

나는 그렇게 못 한다고 계속 반복해서 말하게 되잖아유.

자꾸 그런 말 하시려면 이장님도 이제는 저하고 그 도로 얘기는 하지를 말고, 우리 집에 오지도 마셔유."

"참~ 자네 고집두 어지간하네, 내가 이렇게까지 하루가 멀다 하고, 부탁하고 사정하면 맘을 좀 바꿔야 하지 않는가.

고집 좀 그만 부리란 말여 이 사람아. 왜 그렇게 꽉 막혔어!"

이장님도 이제는 맘이 급해져서인지, 아니면 더는 참고 사정할 수가 없어서인지 차분한 성격과는 맞지 않게 소리를 질러 가며 할 말을 다 해 버린다.

대한이 적잖이 당황스러워한다.

평상시 조곤조곤 침착하시고 화를 내는 모습을 잘 보지 못했기 때문이다. 잠시 아무 말 없이 정적이 흐르고 부엌에서 설거지하느라 달그락거리던 대한 아내도 순간 동작을 멈춘 듯했다.

"내 그만 가 보겠네."

이장님이 방바닥에 한 손을 짚고 힘겹게 일어나면서 기우뚱한다.

"대한이, 내 앞으로는 자네한테 신작로, 집터 이런 소리 안 하겠네. 미안하네…."

하며 이장님은 대문을 나선다.

바로 전에 약간은 자존심 상하는 말을 들은 대한이지만, 어깨가 축 처진 이장님 뒷모습에 화가 나는 대신 오히려 마음이 무겁다.

대한은 잠시 생각에 잠긴다.

얘기 나올 때마다 안 된다고 잘라서 말은 하지만, 어떻게 해야 할지 답답하기만 하다. 당장은 무너진 논둑 걱정에 고추밭까지 신경 쓰이고….

에라, 될 대로 되라. 괭이 하나를 챙겨 어깨에다 걸쳐 메고는 집을 나서며, 뒷집에 사촌 동생을 큰 소리로 불러 댄다.

"**민국**아 논에 가 보자. 말뚝 박을 나무 깎아 놓은 것하고 도끼 큰 걸로 리아카에 실어서 끌고 와라."

"예, 형님. 먼저 가셔유. 바로 쫓아갈게유."

민국이 방죽 논에 도착해서 나무 말뚝을 한 아름 안고 대한이 있는 무너져 내린 논 둑 아래로 내려간다.

"큰형님 힘들어 보이시네유."

"그러게. 너는 좀 어떠냐? 우리 어제 많이 마셨지. 아저씨 때문에 그려. 왜 그런 얘기는 꺼내 가지고."

대한이 혼잣말로 주저리주저리 하면서 이미 삽질은 시작했지만 영 시원치 않다. 어제 과음한 탓에 땀이 비 오듯 흐르고 능률도 오르지 않는다. 민국도 힘들어하기는 마찬가지다.

"**민국**아, 오늘은 이왕 나왔으니까 그냥 들어갈 수는 없고, 점심때까지라도 아래쪽에 말뚝 박을 수 있게 흙만 다져 놓고 그만두자. 못 하겠다."

"그래요 형님. 저도 못 하겠어유."

다음 날 아침. 대한이 흰 와이셔츠에 넥타이를 매고는, 입을 때마다 커 보이는 양복을 걸쳐 입는다.

마루 밑 안쪽으로 먼지가 뽀얗게 앉은 검은색 구두를 찾아 걸레로

쓱쓱 문지르더니 구둣주걱으로 뒤꿈치를 받쳐 신고 대문을 나선다.

동네를 거의 벗어날 무렵, 이장님 댁 아주머니를 만난다.

"어디 가시는가 봐유."

"예!"

대한이 평상시와 같지 않게 짤막하게 대답하고는 걸음을 빠르게 걷고 있고 이장님 댁 아주머니가 **대한**이 재촉해서 가고 있는 길 쪽을 한동안 바라보더니 집으로 향한다.

경로당 앞에 사촌 동생 **민국**이가 당숙 아저씨하고 몇몇 동네 사람들 사이에서 어찌할 줄 몰라 하며 서 있다. 이장님 얼굴은 보이지 않는다.

"어제 대한이 별말 없었어? 어디 간 겨."

"몰라유, 어제 방죽 물 논에 일하러 갔다가, 힘들다고 점심때까지만 하고 집에 왔고 아무 말 없었어유.

저도 어디 갔는지 궁금해유. 형수님두 모르신대유, 그냥 아무 말도 안 하고 양복 입고 나가셨대유."

"큰일이네, 날짜는 자꾸 다가오는디 속 시원한 결론은 없고 참 답답할 노릇이네."

당숙 아저씨의 탄식에 가까운 말뿐, 아무도 대한의 행방을 아는 이가 없었다.

그렇게 해가 저물고, 다음 날도 대한은 집으로 돌아오지 않았다.

이제 경로당 앞이 아닌 대한의 집 앞마당에 사람들이 모여 있다.

오늘은 이장님이 보이는데 한잔하신 것 같다.

"어저께는 내가 좀 참았어야 했는데…. 고집이 세니, 꽉 막혔느니, 그래 놨으니. 대한이 그 사람도 맘이 많이 상했을 거여."

술이 아직도 덜 깬 이장님은. "이제 며칠 안 남았는데 큰일 났네, 큰일 났어."만 반복할 뿐이다.

"낼모레가 과수원집 혼례식이고 하니까 오늘 낼 사이로는 올 거여. 동네에 큰 경사가 있는데 외면할 만큼 대한이 그 사람이 독한 사람은 아녀 기다려 보세."

이장님과 같이 드신 건 아닌 것 같은데, 당숙 아저씨는 오늘도 역시나 혀 꼬부라지는 소리를 해 가면서 한마디 한다.

"소식도 없이 어떻게 오셨어요, 형님!"

대한의 동생이 웃옷을 걸치면서 나와 대문을 열고, 대한의 제수씨가 뒤따라 나오면서 인사한다.

"오랜만에 올라와서 그런지 몰라보게 변했다 아우야.
골목 들어서는 왼쪽 공터에도 신식 양옥집이 뚝딱 생겨 버렸구나."

"맞아요, 형님. 건물들이 계속 들어서요. 그나저나 소식도 없이 어쩐 일이세요, 식사 전이시지요? 얼른 가서 저녁 차려 들여와."

대한의 동생이 방 안을 대충 정리하면서 아내에게 급하게 말한다.

"아우야, 너는 직장 생활 이제 자리 좀 잡았냐? 한잔 받아라."

"아녀요, 형님. 먼저 받으세요."

"그래 그럴까? 너도 이제는 한양 때깔이 난다, 야~"

안부를 주고받고 술잔도 주거니 받거니 둘은 딱 기분 좋을 만큼만 취기가 올랐다.

"아우야 지난 구정 고향에 왔을 때 잠깐 얘기 나왔던 신작로 얘기 말이다, 우리 집 집터를 지나지 않고는 내가 봐도 방법이 없으니 어쩐다냐.

무조건 안 된다고 말하긴 했지만, 도무지 마음이 정리되질 않는구나. 결정해야 하는 기간이 있는가 본데, 그것이 며칠 남지 않았는가 보더라. 지금 동네에서는 난리가 났다, 당숙 아저씨니, 이장 어르신이니 날마다 나를 볶아 댄다."

"형님, 저도 딱 잘라 어쩌자고 할 수가 없네요.

아버지 어머니 생각하면 어림도 없는 일이지만, 또 동네를 생각하면 마냥 우리 집 주장만 할 수도 없는 일이고. 하여간 형님이 잘 판단하셔서 현명하게 결정하셔요.

저는 우리 집안일이기는 하지만, 고향을 떠나온 놈이 무슨 할 말이 있겠어요.

이렇게 상의해 주시는 형님께 죄송하고, 고맙기만 하고요, 형님이 결정하시면 맞을 거여요."

"제수씨도 타지에 그것도 서울까지 와서 힘드시지유, 그리고 참 큰애 옥자는 기어이 고등학교에 가야겠다는 건가유?"

대한이 방 한쪽에 앉아 무언가를 하고 있는 제수씨를 보며 한마디 건넨다.

"그렇다나 봐요. 여기서 다섯 식구 먹고사는 것도 어려운데 저러고 있네요."

"형님, 그래서 저도 걱정이 많아요, 지가 저렇게 학교에 간다고 난리니 어쩌면 좋아요."

"계집애가 무슨 고등학교여!"

대한의 목소리가 커졌다.

"여자가 배움이 많으면 대문 밖으로 목소리가 나가는 법이고, 옛말에 암탉이 울면 집안이 망한다고 했어. 계집애가 공부는 무슨 공부여. 중학교 보내는 것만 해도 감지덕지 아녀?

복에 겨워서 그려, 집에서 잠자코 살림이나 배우다가 시집이나 가면 그만인 거여."

대한은 자신도 모르게 어렸을 적 들어 왔던 이야기들을 자신도 모르게 되돌려 쏟아 내고 있었다, 그야말로 가부장적이고 고집스럽고 한마디로 '꼰대 같은 말'들을 말이다.

"형님, 한잔 더 하셔요."

"그랴, 너도 한잔 더 받아라.

너두 알지만, 고향에 가 봐라. 지금도 국문을 못 깨우친 사람이 거의 전부다. 그래도 잘만 살고 있다.

속된 말로 머리에 먹물깨나 들은 것들은, 배웠답시고 어깨 힘주고 거들먹거리고 하는 세상이다. 그런 사람들도 모자라 이제는 너희까지 합세해서 계집애까지 고등학교에 간다고! 잘 생각해서 혀라."

"글쎄 말여요. 낮에는 공장에 가서 일하고, 야간고등학교라도 가서 공부하겠다고 저러니 말릴 재간이 없고 난감하네요."

"아우야 내가 이렇게 말한다고 서운하게 생각하지 마라. 내가 옥자 그것이 시집을 간다고 하면 땅 한 떼기라도 팔아 보태 주겠지만, 고등학교에 간다고 하는 것은 인정할 수가 없다."

"형님, 저도 형님 마음 알고 서운한 생각 없어요."

"그러냐. 그렇게 생각해 준다면 좋구, 허허허….

그리고 아우야, 너도 이제 서울 사람 다 된 거 같아 보인다. 사투리도 잘 안 하고. 제수씨도 마찬가지구유. 하하하…."

그렇게 주거니 받거니 대한과 아우는 기분 좋게 형제애를 다지는 하룻밤을 보냈다.

혼례식 있기 하루 전 과수원집이다.

마당 한쪽에선 커다란 가마솥을 세 개나 걸어 놓고 불을 지피느라 흰 연기가 온 집 안을 뿌옇게 덮어 버렸다.

"불 좀 빨리 피워! 매워서 뭘 제대로 할 수가 없어."

부엌 쪽에서 어떤 아줌마인지 날카로운 목소리가, 가뜩이나 잘 타지 않는 불 때문에 애먹고 있는 임시로 만든 부엌을 더 급하게 만든다. 장마 내내 젖어 있던 장작이 아직 마르지 않은 탓이다.

마당 한쪽에선 윷판이 한창이다. 아직 아침나절이지만 당숙 아저씨는 한잔 가볍게 걸치셨고 한사리 개찐이다, 아니다 이거 같이 엎어서 가자, 아직은 초반인데 말판을 쓰면서, 벌써 배가 산으로 가려 한다.

한참을 불 피우느라 난리를 치르고서야 아궁이에선 벌건 불꽃이

따다닥 소리를 내며 타고 있고, 잔칫집 분위기가 됐다.

가마솥에는 어제 잡은 돼지머리고기, 내장, 잡뼈가 삶아지고 고아지고 그 옆으로는 뒤집힌 솥뚜껑에 고구마전, 두부전, 막전 등 부침개가 계속 부쳐져 커다란 부침개 채반에 담기고 있었다.

사랑채 뒤편 우물가에선 어제 잡은 돼지 피순대가 만들어진다.

과수원집은 대대로 내려오는 이 지역에서는 흔하지 않은 사과 과수원 덕에 과수원집으로 불리며 이 동네에서 손꼽는 부잣집에 속했다. 그런 집안인데 맏아들 장가보내는 날이니 그야말로 먹을 것 천지인, 잔칫집이다.

한창 무르익은 윷판에는, 돼지 내장 삶은 것이며 홍어 무침, 부침개가 한 상 차려져 있고 당숙 아저씨는 보이지 않지만, 여전히 고성에 싸우는 소리, 웃는 소리, 술 취한 사람들 간의 비틀거림이 서로 뒤엉켜 있다.

대한이 이장님과 막걸리를 한 잔씩 주고받는다.

"대한이 저번에는 내가 좀 심했네. 할 얘기 못 할 얘기가 있는데 내가 자네하고 편하다 보니까…."

이장님이 말끝을 흐린다.

"괜찮아유, 이장님. 저도 이장님한테 잘한 거는 없는데유, 뭐…."

"그나저나 어떻게 생각은 여전히 바뀌지 않는가? 좋게 결정 해주면 우리 마을도 버스라는 것도 들어오고 널찍한 길로 편리하게 살 수 있을 텐데 말이여."

"이장님뿐이 아니라 동네 사람들 뜻을 잘 알지만, 맘이 쉽게 정해지질 않고 그래서 서울 동생도 만나 보고 생각을 바꿔 보려 하는데 잘 안 되네유."

"대한아 너 여기 있었구나. 너 엊그제 서울 동생한테 갔다 왔다며."
 광산골 너머에 사는 대한의 친구 철이가 대문으로 들어서면서 어르신 몇 분에게 인사를 하더니 곧바로 자리에 비집고 앉는다. 대한과는 성격이 비슷해서 곧잘 부딪치지만, 더없이 의리를 찾는 친절한 친구다.
"그래 한잔해라."
 주거니 받거니를 한참 했고, 어느샌가 한잠 자고 오셨는지 눈이 떼꾼한 당숙 아저씨가 합석해 있다.
"대한아, 웬만하면 이제 길, 내게 좀 해 줘라. 솔직한 얘기로 너는 그 집터 말고도 땅이 많은, 땅 부자 아니냐.
 동네에서 이장님도 그렇고 이 정도까지 사정하고 부탁하면 그렇게 해 줘야 하는 거 아니냐?"
 철이 목소리는 커졌고, 대한의 생각을 바꿔 보겠다고 이장님은 술잔을 비우고 따라 주고를 하며 술이 많이들 취해 간다.

"야 인마! 나는 가진 것 별거 없어도 이 정도 되면 땅 내놔 버린다. 그까짓 게 뭐 그리 대단한 거라고 그렇게 고집 피우고 위세를 떠냐, 인마."

철이가 많이 취했고 말도 거칠어졌다.
"뭐라고? 위세를 떨어? 이게 보자 보자 하니까 못 하는 말이 없네. 내가 집터를 못 내놓는 것이 위세 떠는 거냐."
"위세를 떠는 거지, 뭐냐? 그럼, 이왕 말 나온 김에 다 얘기해 보자. 너는 동네 사람들이 뭐라고 수군거리는지 알기나 하냐? 꼬장꼬장 꼬장뱅이란다. 어쩜 그렇게 답답하고 고리타분한지, 꼰대라고 말이다."
"꼰대?
그래, 나한테 굳이 꼰대라고 한다면 꼰대 맞지!
야 인마, 나는 어렸을 적에 어렵게 고생만 하고 살아서 땡전 한 닢에도 벌벌 떨고, 고집 세고 꽉 막힌 꼰대로 살고 있다.
꼰대가 어때서?

쥐뿔도 없으면서 있는 척 허풍 떨고! 속으론 밴댕이 소갈딱지같이 꽁~ 하면서, 겉으로 말로만, 뒤끝 없고 화통한 척! 하는 인간.

자기 입으로 들어가는 떡만 생각하고, 다른 밥 굶고 배고픈 사람은 나 몰라라… 자신만 아는 이기주의적 인간.

이런 상황 이 사람한테는 이렇게 말하고 저런 상황 다른 사람에게는 다르게 말하는 비열한 기회주의자인 인간보다는,

꽉 막힌 꼰대! 가 훨씬 낫다고 나는 생각하고 살아 인마.

너는 꼰대라는 말로 나를 옹졸하고 못난 놈으로 만들고도 싶었겠지만, 나는 그 말이 싫지 않고, 그 맘에도 변함이 없어!

가진 것 없어도 땅을 내놔 버린다고? 그러니까 너는 지금까지도 그 모냥 그 꼴로 사는 거여, 이 자식아."

"그 모냥 그 꼴, 이 자식?"

철이가 자리를 박차고 일어나 맞은편에 앉은 대한을 향해 발길질을 했지만, 거의 동시에 일어선 대한의 손에 의해 다리가 잡히고 만다.

철이가 뒤로 벌러덩 넘어지고 그 위로 대한이 올라타 앉아 주먹을 날린다.

치고받고, 멱살을 잡고를 서너 차례 반복하고 나서야 주변 사람들에 의해 말려졌다.

가운데 놓였던 기다란 술상 한쪽이 내려앉아, 여기저기 흐트러지고 깨지고 그야말로 난장판이 됐다.

이장님은 당혹스럽다. 이제 겨우 대한의 마음이 돌아서는가 싶은데, 친구지간의 감정싸움이 주먹싸움으로 변해서, 다 돼 가는 밥에 코 빠트리는 격이 됐지 않았는가….

대한이, 철이 모두가 얼굴이며 옷이 엉망이다.

"야, 이 자식아, 내가 아무 생각이 없는 줄 아냐? 내가 그래도 동네 문제이기에 속으로 아버지 어머니께 용서를 빌면서 신작로 낼 수 있는 쪽으로 고민을 수없이 해 왔는데, 다른 사람도 아니고 친구라는 놈이 그렇게 말하니까 정내미가 뚝 떨어진다, 이놈아.

나는 우리 집터 절대로 내놓지 못한다, 나는 꼰대고, 고집불통이고 앞으로 니놈도 안 본다."
 대한이 이장님을 붙잡고는 "이장님께는 죄송한데 저 집터 못 내놓습니다."를 반복하고는 집으로 돌아간다.

 다음 날 아침 잔칫집.
 평평하고 깔끔하게 정리된 마당 한가운데 멍석이 여러 장 펼쳐지고 그 위로 천막이 쳐진다.
 부잣집 잔칫날이라 그런지 아랫마을에서도 건넛마을에서도 나름대로 깔끔하게 차려입은 사람들이 하나둘 모여든다. 서로 안부를 묻고 덕담을 하며 떠들썩하니 기분 좋은 어수선함이 가득하다.

 "군수님 오신다!"
 누군가가 짧게 외친다.
 멀리 군청색 지프에서 군수님이 내려 걸어오고 있다.
 "그려, 그렇구먼."
 사람들이 모여든다.
 "안녕하세요, 오랜만입니다. 그래 잘 있었는가."
 군수님이 이 사람 저 사람 인사하며 도착했고 대한이 허리를 굽혀 인사한다.
 "작은아버지, 어서 오셔유."
 "그래 조카 왔구나. 잘 지냈지?"
 군수님은 많으신 아버지 형제 중에서, 대한과는 나이 차이가 크게

나지 않는 막내 작은아버지 되신다. 이 동네에서 출세한 몇 안 되는 인물 중의 한 분이시다, 개천에서 용 난 셈이다. 그런 관계로 군수님은 이 동네 일이라면 거의 빠지지 않고 챙기신다. 군수님까지 참석한 혼례식이 성대하게 끝나고, 이제는 그야말로 먹고 마시고 즐기는 자리다.

부잣집이어서 그런지 준비하는 날까지 포함해서 며칠씩이나 하는 잔치였지만 손님이 끊어지질 않는다.

부엌에서는 동네 아주머니들이 국수를 삶고 찌개를 끓이고 떡에 과일에 고기에 하나도 피곤한 기색이 없이 상을 차리고 나르고를 반복하고 있다.

왁자지껄 소란스러운 틈에, 깡통을 두들겨 대며 각설이패까지는 아니고 동네 거지 비렁뱅이들이 떼를 지어서 밀고 들어온다.

대략 얼핏 봐도 열 명은 넘는다. 부잣집 잔치인 줄은 기가 막히게 알고 이 동네 저 동네서 오는 것이다. 앞으로도 몇 패거리가 더 올 것이다.

혼례식 혼주가 거지들을, 이미 만들어 놓은 뒷마당 쪽으로 데리고 가서는 거하게 한 상 차려 먹인다.

잠시 후 이장님이 대청마루 한쪽으로 내려와서는 대한을 찾는다.

"대한이, 군수님이 자네 좀 들어오라고 하시네."

"작은아버지 저 왔어유."
"그래, 이리 와 앉아. 어제도 또 안 좋게 얘기됐었다며, 자 오늘은 잔칫날이니까 좋게 한잔하시게."

마셨던 막걸리 잔을 건네며 군수님이 주전자를 들어 한 잔 가득 따른다.

"조카, 내 그동안 자네한테는 아무리 작은아버지라지만 조심스러워서 말을 못 해 왔었네.

면장을 통해서 또 이 동네 이장님을 통해서 돌아가는 얘기를 많이 들어왔어. 나는 그 집이 어떻게 마련된 집이란 걸 누구보다도 자네 다음으로, 잘 아는 처지기에 조카 마음 이해하고 자네 생각 적극 지지할 수 있어.

하지만 현실이 이런 지경이니 어쩌겠는가. 이번 기회가 아니고 미뤄지면 다음에는 이런 좋은 방식으로 도로가 나기는 아마 한동안 어려울 것 같아.

돌아가신 형님 형수님도 자네가 동네를 위하는 결정을 해 준다면, 아마 모르긴 몰라도 잘못했다고는 하지 않으실 것 같은 게 내 생각이야, 맘을 좀 돌려 보시게."

대한이 받아 놓았던 막걸리를 고개 돌려 단숨에 벌컥벌컥 마셔 버린다.

"나는 이제 곧 일어나 봐야 해.

어떤가, 나 있는 데서 그러마. 하면 안 좋겠나!"

잠시 방 안이 조용해지고 멀리서 들려오는 큰 소리뿐 문밖까지도 숨소리밖에 나질 않는다.

"저도 말로는 안 된다고 하면서도 어떻게 해야 좋은 결정인지 고민을 많이 했었는데요, 작은아버지께서 이렇게 방향을 제시해 주시고, 아버지 어머니도 잘했다고 하실 것이라는 확신의 말씀을 해 주시니 더는 고집하지 못하겠네요.
그렇게 하겠습니다, 작은아버지."

방 안팎으로, "잘했네~ 잘됐어~"
소리가 들리고, 이장님이 춤사위를 해 가면서 노랫가락을 만들어 낸다.

왕년의 대한이가 드디어 맘을 바꿨네~
이제 우리 동네도 신작로가 나서 버스가 올 것이고~
대한이도 신식이 됐다네~

경사 났네 경사 났어!
오늘은 이 동네에 겹경사가 났네!

어떤 아이

갑진년 용의 해 7월 어느 날.

대전의 한 변두리 작은 시골 마을에, 가부장적이고 권위적인, 말 그대로 고지식한 아버지와 고향이 황해도라는 것뿐 어느 지역인지도 모를 나이에 친척이라기도 애매한 먼 일가의 손에 이끌려 피난 내려와, 가정을 이룬 어머니 사이에서 태어난 사내아이의 울음소리가 새벽 아침을 깨웠다.

응애~ 응애~ 앙~~ 응애!

"일순이 아빠 아들이네. 고추여!"

철둑 건넛마을에 사는, 지금 태어난 이 아이의 큰고모가 아랫방 사잇문을 제치고 부엌으로 빠르게 건너가면서 밖을 향해 소리친다. 차분하지만 주체할 수 없는 반가움과 감격에 찬 한마디였다.

마당에서 무덤덤한 것처럼 아무 표정이 없던 아버지의 얼굴에 화색이 돈다.

아무리 가장 중심적이고 독단적인 그였지만, 그래도 간절했던 아들 소식은 어깨춤을 추고 싶을 정도의 기쁨이었고, 환희 그 자체였다.

자손 귀한 집안에서 내리 딸만 둘을 낳고 대를 이을 아들만을 기다리던 집에서는, 더없이 귀하디귀한 금쪽같은 존재였다.

이렇게 태어난 아이는 할아버지 할머니의 사랑을 한 몸에 받으며 왕성이라는 이름을 얻고 잔병치레 없이 아주 튼튼하고 야무지게 하루하루 쑥쑥 자라고 있었다.

"왕성이 아빠, 애기 백일에 떡이나 하고 이웃 사람들 몇 불러서 밥이나 먹으면 되겠죠?"

"무슨소리여? 역전시장에 나랑 같이 한번 가서, 장 봐 오고 닭도 몇 마리 잡고 해서 왕성이 고모들도 오시라 하고 저 아랫마을까지 아는 사람들은 다 오라고 해야지."

"그렇게 하려면 돈도 많이 들 텐데 돌잔치나 하는 게 좋지 않겠어요?"

"아~ 이 사람아 백일도 하고 돌잔치도 하면 되지. 그까짓 돈, 쓸데는 써야 하지 않는가."

그렇게 왕성은 알뜰하고 살뜰한 엄마의 따뜻한 보살핌으로, 내성적이고 소심한 성격이긴 하지만 모나지 않고 무난하게 잘 자라났다. 아래로 남동생을 셋씩이나 더 보면서 말이다.

모정(母情)

세 개? 두 개만 할까? 에라~ 이왕 먹을 거 실컷 먹자!

나는 매일 밤이면 닭들을 재우는 부엌 옆 작은 닭장으로 부리나케 뛰어갔다. 아직도 횃대 위에서 졸고 있는 놈, 사료 먹어 가며 흙바닥을 부리로 쪼는 놈, 쫓고 쫓기면서 싸우는 놈들, 난장판이다.

부엌 양쪽 문을 전부 열어젖힌 나는 엄마가 하던 대로 구구구~ 소리를 내면서 앞마당의 닭장까지 닭을 몰아넣었다.

물통에 물을 부어 놓고 사료도 바가지로 여러 번에 걸쳐 퍼 놓고는 다시 작은 닭장으로 잽싸게 뛰어갔다. 구석구석 곳곳에 밤새 낳아 놓은 달걀이 오늘따라 많다. 여섯 개나 된다. 내 머릿속엔 느낌이 좋다. 엄마가 매일 달걀을 담는 작은 소쿠리에 여섯 개 전부를 주워 담아 들고는 앞마당으로 다시 나왔다.

나는 그중에 닭똥이 덜 묻은 달걀 세 개를 골라 마루 밑 한쪽 귀퉁이에 놓고 다시 생각에 빠졌다.

이걸 어디다 숨겨 놔야 하지? 뭐라고 해야 할까? 좀 복잡해지기 시작한다, 하지만 달걀 세 개를 한꺼번에 먹을 수 있다는 기대에 부풀어 나름대로 열심히 머리를 굴려 본다.

아침부터 요런 발칙한 일을 계획하고 있을 줄은 상상도 하지 못했을 엄마는, 혼자 있을 왕성이 걱정이며 점심 먹일 걱정에 그 바쁜 아침 시간에도 이르고 당부하기를 여러 번 하신 것이다.

"왕성아, 오늘은 장 볼 게 많아서 아침 9시 반쯤에 오는 버스 타고 일찍 가야 하거든? 엄마 시장에 가고 나면 닭 몰아서 큰 닭장에다 잘 넣어 놓고, 물 떠다가 물통에 주고 사료도 바가지로 퍼서 사료통마다 나누어 준 다음에, 작은 닭장에 달걀 찾아 달걀 소쿠리에 잘 담아 놓거라."

"응!"

다른 때와 다르게 건성건성 대답한 이유가 있었다. 이미 혼자서 달걀 먹을 계획을 세웠는데 엄마 말이 귀에 잘 들어올 리가 없었을 것이다.

"점심때 작은 언니 학교 끝나고 오면 밥 차려 달래서 같이 먹고, 어디 가지 말고 꼭 집에 있어야 한다."

"응!"

역시나 머릿속엔 여러 개의 달걀을 혼자 먹는 생각뿐인, 그런 대답이었다.

내가 누나들을 언니라 하는 것은, 나의 성격이 내성적인 데다 남자 형제 없이 누나만 둘 있었던 탓에 작은누나가 큰누나에게 했던 언니라는 말을 그냥 자연스럽게 '언니' 하고 따라 했던 영향이었다.

중간중간, 아버지에게 혼이 났지만 조금 커서 국민학교에 입학해서도 누나라는 말을 하지 못했고, 그 후로 완고하고 엄하기만 했던 아버지의 회초리를 여러 차례 맞아 가면서도 고치지 못했다. 중학교 1학년이 되어서야 어색함을 겨우겨우 이겨 내며 누나라고 바꿔 부를 수가 있었지만, 그 과정도 나로서는 쉽지 않은 시간이었다.

이토록 내성적이고 소심한 성격이었던 내가 이런 일을 꾸밀 거라곤 어느 사람도 상상할 수 없는 일이었다.

한참을 생각에 빠졌던 내 마음 한구석에 가벼운 불안감이 드리워졌다. 마루 밑의 달걀 세 개가 아까와는 다르게 보인다.

오로지 달걀후라이를 실컷 먹고 싶은 어린아이의 단순하고 어설퍼 보이는 계획에, 쉽지 않겠다는 생각이 내 머릿속에 새롭게 등장한 것이다.

그만둘까?

갑자기 더욱 혼란스럽다. 생각에 또다시 빠졌던 나는 드디어 일어섰고, 달걀 한 개를 집어 들었다. 그러고는 달걀 바구니 쪽으로 가서 들고 온 달걀을 바구니에 넣어 놓고 다시 나왔다.

만일 발각될 일을 대비해 세 개 보다는 두 개가 부담이 덜하다고 나는 결론 내렸다.

나는 러닝셔츠 앞자락에 달걀 두 개를 감싸 안고서 주변을 살폈다. 둥구나무 밑 개울가 빨래터에 아랫집 대식이 엄마가 약간 비켜 보이는 자세로 빨래하고 계시는 것뿐 다른 사람은 아무도 보이지 않는다.

나는 시선을 대식이 엄마에게 두고 뒷걸음 하듯이 굴뚝을 돌아, 우리들의 아지트 중 한 곳인 미루나무 둑 쪽으로 내달려 순식간에 도착했다.

이제 이곳은 다른 사람들 눈에는 잘 띄지 않는다. 그래서인지 내 가슴이 쿵쾅거리며 뛰기 시작한다.

어디에 숨겨 놓지?

순간 내 머릿속이 또다시 비상하게 작동한다. '이곳 보이는 곳에 놓았다가 다른 놈들이 오면 가져갈 수도 있고, 이따가 엄마가 눈치챌 수도 있어.'라는 생각이 그 짧은 순간에 머릿속을 스친다.

나는 주변을 빠르게 살피고서 대여섯 발짝 벗어나 무릎 정도까지 풀이 자란 곳에 달걀 두 개를 가지런히 놓아두었다.

이제 엄마에게 어떻게 말해야 하지?

이미 머릿속에 달걀 두 개를 먹기 위한 계획을 전부 끝냈으면서 떨리고 겁나는 마음에 다시 또 갈등하는 것이었다. 하지만 나는 다시 또 마음을 다져 먹는다.

어느 날 갑자기 찾아온 생각지도 못한, 그야말로 달걀 두 개를 한꺼번에 먹을 수 있는 절호의 기회인데 포기할 수 없었다.

그렇게 갈등을 이겨 내고 집에 돌아와 어떻게 시간이 지났는지 모를 정도의 시간이 흘러 작은언니가 학교에서 돌아왔다. 작은언니가 차려 준 밥을 같이 먹긴 했지만 먹는 둥 마는 둥 어떻게 먹었는지도 모르겠다.

시간이 흐를수록 떨리는 마음을 주체할 수가 없었다.

하지만 시간은 쉼 없이 흘러 엄마가 올 정도의 시간이 됐다.
나는 엄마한테 어떻게 말할지만을 머릿속으로 계속 연습하면서 철둑길 너머 버스 내리는 곳에 가 있었고, 저 멀리 부대 정문 쪽으로 15번 버스가 흙먼지를 뿌옇게 일으키며 달려오고 있었다.
순간, 마음속으로 그 많은 연습을 했었는데 내 머릿속은 갑자기 아무것도 생각이 나지 않고 가슴만 더 뛰기 시작한다.
토할 정도였다.
버스가 섰고 엄마가 버스를 오르내리며 시장 보따리 큰 것 두 개와 작은 것 한 개를 차례로 내려놓았고 버스는 다시 흙먼지를 일으키며 굉음 속에 사라져 갔다.
나는 엄마에게로 뛰어갔고, 엄마는 작은 보따리를 하나 주신다.
"왜 나왔어? 기찻길 위험한데."
엄마로부터 보따리 하나를 넘겨받은 나는 머리 위에 보따리 하나를 이고 하나는 들고서 앞서는 엄마 뒤를 졸졸 따라갔다.
"엄마, 나 있잖아~"
말을 하는데 목소리가 나오질 않는다, 엄마가 먼저 입을 떼신다.
"왕성아, 작은언니 와서 밥은 먹었어?"
나는 "응."하고 짧게 대답하고는 다시 엄마 뒤를 따라 걸었다.
달걀 이야기를 꺼낼 기회만 보면서 보따리를 이리저리 손을 바꿔가며 걸었지만 끝내는 말을 꺼내지 못하고 집에 도착해 버렸다.
엄마 오는 소리에 작은언니가 방에서 나와서는, 엄마가 시장 보따리를 풀어 정리하는 일에 참견한다. 엄마가 사 왔을 손바닥만 한 설탕 묻은 꽈배기나 바람 송편 때문인 게 뻔했다.

그러나 내 머릿속에 그런 관심은 없다. 오로지 언제 어떻게 엄마에게 말을 꺼내느냐만이 있을 뿐이다. 드디어 엄마의 짐 정리가 대충 끝났다.

"엄마!"

"응." 하고 엄마가 무심하게 대답한다.

"엄마~ 나~ 아까 저기서 놀다가~"

입이 바짝바짝 마른다. 순간 마음속으로 또 갈등한다. 말하지 말까? 그럼 어쩌지, 달걀은?

"엄마, 나 달걀 두 개나 주……웠다?!"

잠깐 조용한 긴장이 흐른다, 작은언니는 멍하니 바라만 본다.

"누구네 닭인가 거기 가서 낳았는가 봐."라는 말을 준비했었는데. 그 말을 못 하고, 내 귓속엔 왱~~ 하는 소리 말고는 아무 소리도 들리지 않는다.

엄마의 바뀐 얼굴빛이 내 눈에 보인 것은, 그 소리가 사라진 다음이었다.

지금까지는 단 한 번도 보지 못했던 엄마의 화난 얼굴이었다.

아버지의 항상 무서운 얼굴, 아니 그보다도 백배는 더 무서운 얼굴이었다.

엄마는 내 손목을 잡아끌었다.

"어디더냐, 달걀 있는 곳이!"

목소리도 아까와는 다르다. 나는 발에 힘이 없어 걸음을 제대로 걸을 수가 없었지만, 엄마의 거친 이끌림에 질질 끌려가다시피 도랑을 건너 미루나무 밑 우리들의 아지트 쪽으로 향했다.

나는 난생처음으로 엄마한테 뒈질 정도로 회초리를 맞은 것 같다.
"회초리 너 맞을 만큼 한 주먹 꺾어 갖고 들어와!"
이렇게나 싸늘한 목소리와 무서운 얼굴의 엄마를 나는 한 번도 본 적이 없었다.

나는 어떤 나무를 얼마만큼 꺾었는지 모를 정도로 무서움에 떨었고, 어떻게 종아리를 맞았는지도 모를 정도로 아무 생각도 나질 않았다, 그저 회초리 맞은 종아리 장딴지 쪽이 무지하게 많이 아플 뿐이었다.

"엄마~ 다시는 안 그럴게요! 엉~엉~엉~"
"달걀이, 먹고 싶으면 먹고 싶다고 해야지, 거짓말을 해!"
찰싹찰싹
"엉~ 엉엉~"
"거짓말하는 게 제일 나쁜 짓이라고 했는데! 그것도 모자라, 괘씸하게 꾸며 내! 찰싹찰싹, 커서 뭐가 되려고 그런 무서운 거짓말을 만들어 내!"
찰싹찰싹

엄마는 정말로 화가 많이 나신 것이다. 옆집에 순미 엄마, 아랫집 대식이 엄마까지 와서 말리는데도 소리를 질러가며, 이제는 종아리가 아니라 장딴지 몸뚱이 아무 곳이나 휘두르며 회초리 때리는 손을 멈추지 않았고 나는 데굴데굴 굴러가며 목이 쉬어라 울기만 했다.

나를 특별하게 예뻐하고, 항상 웃으면서 따뜻하고 살갑게 대해 주시던 엄마에게 나는 태어나서 처음으로 아주 무섭게 맞았다. 온 몸뚱이에 피가 맺혀 터지기 직전 정도까지 맞았다.

얼굴엔 눈물 콧물로 뒤범벅된 채로 한숨 잔 것 같다.

큰언니의 밥 먹으란 소리에 깨어 보니 얼굴은 당기고, 다리는 물론 손 팔뚝 어디 하나 성한 곳이 없었다. 아버지도 어느새 퇴근해서 오셨고 저녁 밥상 앞에 언니들 둘은 숨소리조차 제대로 내지 못하고 맛없는 저녁을 먹어야만 했다.

그렇게 나에게는 악몽 같았던 하루가 지나고 다음 날 아침.
아버지가 출근하시고 언니 둘은 학교로 빠져나간 후 점심밥 먹을 시간, 엄마가 들고 들어오신 밥상, 내 밥그릇 옆에는.

달걀후라이가 두 개도 아닌 세 개나 놓여 있었고,

나는 혼자서 달걀후라이를 세 개씩이나 먹을 수 있었다.
이제까지 먹은 밥 중에 가장 맛있는 점심밥을, 엄마의 따뜻한 사랑까지 듬뿍 담아 같이 먹으며…….

어제 나를 때렸던 회초리가 하나도 밉지 않다.

모정(母情) 43

애들 쌈
어른 싸움

"토끼가 새끼 낳았다며.
기태야, 근데 이렇게 추운데 새끼는 괜찮을까?"
"아버지가 가마니하고 짚새기로 많이 덮어 줬고 토끼집이 부엌하고 붙어 있어서 괜찮다고 했어."
"몇 마리 낳았냐?"
"몰라. 몇 마리 낳았는지도, 이쪽 털 뽑아 놓고 집 지은 바닥에 여섯 마리 있고, 땅굴을 파 놓고 안쪽에 낳은 놈도 있어서."
"야, 아직 눈도 못 뜨고 징그럽다, 야."
나는 새끼 가까이에 얼굴을 대고는 손가락으로 살살 건드려 가며 기태 얼굴을 힐끔거리며 쳐다봤다.
"야 인마, 자꾸 건드리지 마. 그러면 어미가 새끼 죽일 수도 있대."
기태가 소리를 버럭 질러가며 나를 밀친다.
"야, 왕성아. 대식이나 한번 불러봐, 뭐하나. 왜 안 나오지? 아직도 자나?"
아랫집의 대식이는 잠이 많다, 그래서 맨날 엄마한테 혼난다.

"대식아~"

대답이 없자 좀 더 크게 부른다.

"대~ 식아!"

"대식이 잔다."

짧은 대식이 엄마 목소리다. 이어지는 대식이 엄마의 커진 목소리. 하루건너 한 번씩은 듣는 귀에 익은 소리다.

"야, 이놈아! 대식아! 좀 있으면 해 떨어지겠다! 빨리 안 일어나! 저놈은 왜 그렇게 잠이 많아. 게으르면 밥 빌어먹어 이놈아."

"기태야, 나 집에 갔다가 아침밥 먹고 조금 있다가 나올게. 너도 밥 먹고 대식이 불러내서 논배미 본부로 와라."

나는 뒤꼍으로 돌아 집으로 갔다.

아침저녁으로 쌀쌀하고 바람도 거칠게 불어 추운 듯한 느낌도 드는 날씨지만 우리들의 아지트만큼은 햇볕도 적당히 비추고 다랭이논으로 막혀 있어 아늑했다.

나는 요즘 같은 날에는 기태와 대식이 셋이서, 하루도 거르지 않고 틈만 나면 이곳에서 거의 모든 시간을 보낸다.

오늘도 변함없이 셋은 아지트에 모였다.

대식이는 논둑 경사지에 만들어진 사계절 미끄럼틀에서 미끄럼을 타고 있고 나는 고춧대로 장난감 지게를 만드느라 고춧대를 고르고 있었다.

"야! 우리 겨울 오기 전에 아버지들 담배 피우는 곽성냥 하나 살까?"

애들 쌈 어른 싸움 45

잠시 후에 벌어질, 동네가 발칵 뒤집힐 사건의 씨앗이 되는 말이었다.

기태가 꺼낸 성냥 사자는 말에 나하고 대식이는 귀를 쫑긋, 기태 옆으로 모였다.

집집마다 부엌 아궁이에 불을 때느라 큰 통성냥 하나씩은 꼭 있었고, 그 통성냥 한 통을 거의 다 쓸 정도 되면 불 켜는 부분이 잘 켜지지 않을 정도로 맨질맨질하게 닳아져 버린다.

엄마들은 다 쓴 성냥통을 무심코 태워 버리지만 어쩌다 거의 다 썼을 때 애들 눈에 띄면 엄마들 눈을 피해 빈 성냥통을 찢어서 아지트로 가져다 놓기도 한다.

사실 엄마들은 성냥이 아주 비싸고 아까워서 성냥에 예민한 게 아니라, 애들이 불장난해서 불낼까 봐 다 쓴 성냥통을 그때그때 태우고 성냥개비에 신경이 예민해 하시는 것이었다.

하지만 그 정도 되면 성냥이 잘 켜질 리가 없다. 대여섯 번씩 성냥개비를 문지르면 켜질 듯 말 듯 성냥개비 황 있는 부분이 깨져 부스러지기 일쑤고 성공 확률도 많지 않다.

성냥개비를 몰래몰래 조금씩 훔쳐 갖고 나오기는 하지만 엄마들 눈치 보면서 해야 하니까 그것 또한 쉽지 않고, 한 번에 많이 없어지면 알아채니까 가끔가다 서너 개씩밖에 갖고 오질 못한다.

그런 상황을 만족하지 못하고 이제는 한 살 한 살 더 먹는다고 성냥을 사기로까지 말을 꺼낸 것인데, 흥미롭고 설레는 마음으로 혹할 수밖에 없었다.

"돈이 어디 있어서!"

대식이가 더듬거리며 말한다.

"그래도 어떻게 해서든지 돈 모아서 사 보자.

20원 정도 하는데 내가 10원 모아 볼 테니까 니들도 5원씩 해서 10원 만들어 봐. 겨울 되기 전에 하나 사 놓으면 이번 겨울에는 성냥 걱정 안 해도 될 거 아녀."

기태는 셋 중에 키도 제일 크고 해서 그런지 뭐든지 나서서 하는 성격이었다.

그렇게 곽성냥 하나를 사기로 한 것이 크고 대단한 일을 해낸 것처럼 셋은 서로의 얼굴을 흐뭇한 표정으로 바라보았다.

그 일이 있고 보름 정도 지난 어느 날.

드디어 우리 입장에서는 거금인 20원이 만들어졌다.

아랫동네 진양 상회 가는 길 검은 판잣집 대추나무 아래에 셋이서 모여 있다.

돈은 만들어졌지만, 막상 성냥을 사러 가려고 하니 떨리기 시작한다. 아버지 심부름인 것처럼 해야 하는데 쉽지 않을 것 같다.

"기태야, 니네 아부지가 담배 많이 피우시니까 너는 담배 심부름 많이 해 봤잖어. 니가 갔다 와."

"얌마 그런 게 어딨어! 가위바위보로 해."

"그래, 좋았어. 자, 가위바위보!"

단 한 번에 기태가 걸렸다. 기태 얼굴이 약간 상기된 것처럼 보인다.

"기태야 그냥 심부름할 때 마냥 아부지가 곽성냥 하나 달래요, 해."
나도 약간 떨리는 목소리로 말했다.
"그리고 몇 원 남으면 건빵 사 와라."
"에이~ 그래 알았어."
기태가 무슨 전쟁터에 나가는 전사같이 굳은 표정으로 짧게 말하고서 가게를 향해 천천히 가고 있었고, 나와 대식이는 기태가 가게에 들어갈 때까지 바라보고 있었다.
잠시 후 기태가 가게에서 나와 몇 걸음 걷더니 냅다 뛰어오기 시작한다.
손에는 건빵 담은 밀가루 포대 뭉치가 쥐어져 있었다.
나는 '성공했구나.' 하는 생각과 함께 안도의 한숨을 내쉬었고 기태는 무슨 큰일이라도 해낸 것같이 의기양양, 건빵 뭉치를 하늘로 치켜든다.
우리 셋은 기태가 주머니에서 꺼낸 조금도 구겨진 곳이 없는 네모 반듯한 성냥을 바라보며 좋아했고 다른 쪽 손에든 건빵 뭉치를 펼쳐 놓고 순식간에 건빵을 먹어 치웠다.
그리고서는 집 쪽으로 뛰어서 기태네 부엌 옆 공터에, 소 외양간보다도 높고 둥그렇게 쌓아 올려놓은 보릿대 집 뒤로 몸을 숨겼다. 무슨 죄라도 진 것처럼 말이다.
"야, 기태야. 몇 개 들었나 세어 봐."
내 말이 끝나기도 전에 기태는 성냥갑을 열어 땅바닥을 후후 몇 번 불더니 성냥을 쏟아 놓는다.

많다! 그 작은 통 속에서 성냥개비가 이렇게 많이 나올 줄 몰랐고 셋은 뿌듯한 마음으로 한참을 바라본다.

하나, 둘, 셋, 넷… 마흔일곱이다.

그런데 쪼개진 듯 가늘고 짧은 성냥골 하나가 남았다. 그런데 이게 화근이 될 줄은 아무도 생각하지 못했다.

내가 말했다.

"기태야 이거 켜 버리구 없애자."

성냥을 켤 때 나는 화약 냄새가 좋기도 했지만 부러진 성냥골 하나를 다시 넣어 놓기도 영 개운하지 않고 어린 마음에 그까짓 거 성냥 많은데, 하는 심리가 작동했다.

"에이 그냥 넣어 놔."라는 대식이의 말은 무시하고 기태가 성냥을 확 그어 댔다.

그런데 이게 웬일이냐~

성냥이 작았던 관계로 불이 붙은 성냥은 기태의 손가락에서 빠져나갔고, 불은 순식간에 보릿대 집을 후루룩~ 하고 타 올라갔다. 바싹 마른 보릿대 집이 얼마나 잘 타겠는가!

"야! 빨리 꺼!"

우리 셋은 너나 할 것 없이 소리를 질러가며 발로 손으로 꺼 보려 하지만 이미 늦었다.

야속하게도 보릿대 집은 투다다닥… 소리를 내가며 순식간에 불기둥을 이룬다.

우리는 누가 말할 것도 없이 냅다 뛰었다.

도랑을 건너뛰고 나무다리를 건너 논둑길을 이리저리 돌아 철둑길 옆에 있는 행상집[1] 쪽으로 무작정 뛰어가 숨었다.

평상시에는 무섭다고 근처에도 가지 못했던 곳인데 허허벌판에 몸을 숨길 곳이 없었던 것이었다.

등 뒤에서는 어른들의 고함치는 소리가 들렸다.

"불이야!"

"물통 가져와!"

"펌프 물 뿜어!"

그야말로 난리가 났다.

우리 셋은 행상집에 도착해서야 숨을 몰아쉬면서 집 쪽을 바라보았다.

뽀얀 뭉게구름 같은 연기 덩어리가 커다란 불기둥과 함께 하늘 높이 올라가고 있었고, 그 아래로는 수십 명은 되는 것 같은 동네 사람들이 왔다 갔다 불 끄느라 무질서한, 무슨 학교 운동회 점심시간 같아 보인다.

조금 있으니 연기가 사그라졌고 사람들의 움직임도 느려졌다.

"이제 어떡하냐."

기태 말에 대식이가 울며 징징거린다.

"내가 그냥 넣어 놓으라니까."

숯검둥, 재검둥에 눈물은 범벅, 꼬질꼬질한 얼굴이다. 기태도 마찬가지고 내 얼굴도 마찬가지겠지.

---

1) 당시 상여를 보관하는 집을 말한다.

나는 심란했다. 재 묻고 더러워진 얼굴, 기태네 보릿대 집 태워 버린 것, 이런 것들은 중요하지 않다. 내 머릿속엔 아버지의 공포스럽기 까지 한 무서운 얼굴. 그런 생각뿐이었다.
 대식이의 징징거리는 소리가 끊어지지 않았지만, 나는 이제 어디 도망가서 살 데도 없는데 누구네 집으로 가야 하나? 오늘 밤에는 어디서 잠을 자야 하지? 도망가면 다른 세상이 있을까? 순간적으로 별 생각을 다 해 본다.
 "내가 하지 말라니까."
 하면서 대식이가 아직도 코를 찔찔대며 징징거린다.
 "그만해 인마."
 내가 짜증을 부렸다.
 "너하고 기태 땜에 그려, 인마."
 "내가 그럴 줄 알았냐?"
 나는 참지 못하고 대식이에게 쏘아붙였다.
 "지금 와서 그래 봐야 무슨 소용이 있어 이 새끼야."
 나는 집에서 쫓겨날지도 모른다는 생각 땜에 어쩔 줄을 모르겠는데 대식이 저놈은 내 탓만 하고 있으니 참을 수가 없었다.
 "니가 기태한테 켜 보라고만 안 했어도 괜찮았잖아, 이 새끼야."
 "이 새끼가 정말."
 나는 중간에 있던 기태를 옆으로 밀어내며 대식에게로 다가섰다.
 "왜 인마, 내 말이 틀려?"
 나는 그렇게 따지듯이 말하는 대식이 얼굴을 향해 주먹을 날렸다.

그러고는 쓰러진 대식이를 주먹으로 몇 차례 더 때렸다. 가뜩이나 아버지에 대한 두려움 때문에 집에서 쫓겨나면 어디로 가야 하나부터 별별 생각에 심란한데 따지고 드는 대식이를 그냥 두고 볼 수가 없던 것이다.

기태가 급하게 달려들어 말려 보지만, 이제는 대식이도 그냥 있지 않았다.

서로 엉겨 붙어 주먹질을 몇 차례 더 하고서 힘이 드는지 기태를 사이에 두고 둘 다 벌러덩 드러누웠다.

대식이 얼굴은 여기저기 빨개져 있었고 입술이 터지고 특히 한쪽 눈이 눈동자가 보이지 않을 정도로 부어올랐다.

나는 코피가 멈추질 않고 계속 흘러내렸다. 기태가 내 코를 누르고 피를 닦아 가며 소리친다.

"야, 이놈들아! 니들이 지금 이렇게 싸울 때여!

우리 집 보릿대 집, 다 태워서 나는 이제 엄마한테 맞아 죽게 생겼어 이 새끼들아."

기태도 울음을 터트린다.

그렇게 셋은 한차례 전쟁을 치르고 저녁 해가 공굴산으로 넘어가고 어두워질 때까지 그 자리에 꼼짝 안 하고 서로 간에 아무 말도 하지 않은 채 어둠을 맞아야만 했다.

이제는 대식이 징징거리는 소리도 들리지 않는다.

해가 떨어지니 추워지고 무서운 건 말할 것도 없고 이놈 저놈 배에서, 번갈아 가며 나는 꼬르륵… 소리만 가끔씩 들려왔다.

그렇게 뛰어다녔으니 얼마나 배가 고프겠는가.

공굴산 쪽에서 뿌앙~ 철커덕 철커덕… 기차가 지나가는 것을 이제야 시끄럽다고 느낀 나는 여러 번 양쪽에서 지나간 기차 소리를 느끼지 못했듯이, 잠시 잊고 있었던 아버지의 무서운 얼굴이 또다시 머릿속을 채워 버린다. 동시에 밤에는 귀신이 나온다는 행상집의 공포까지 더해서 어찌할 바를 모르겠다.

"왕성아~ 기태야~ 대식아~"

우리를 찾으며 부르는 엄마 아부지들, 동네 아저씨들이 지르는 소리가 들리기 시작한다. 하지만 우리 셋은 서로를 끌어안고는 숨소리까지 죽여 가며 꼼짝 안 했다.

"여기 있네, 이놈들 여기 있어."

우리 엄마 목소리다.

"여기 있어, 대식이 엄마, 기태 엄마, 여기들 있어."

우리 셋은 우와앙~ 울음을 터트리고 만다. 한참 동안 서럽게 울었다.

다음 날 아침.

잠자리에서 깨어난 나는 얼굴이 이상해진, 마비된 것 같은 느낌을 감지한다.

얼굴이 마음먹은 대로 잘 움직여지지 않는다.

언니들 학교 갈 준비에 어수선해져서 잠은 깼지만, 이불 속에서 일어나질 못하고 벽 쪽으로 몸을 돌려 얼굴을 손으로 만져 본다.

얼굴은 전부가 부어 있는 것 같고 가끔 따가운 쪽도 만져지고, 더 큰 문제는 입술 한쪽이 터지고 부어올라 입이 삐뚤어진 것처럼 느껴진다.
 그런데 이게 무슨 일인가? 다리 쪽이 척척하다.
 나는 반사적으로 아랫도리를 만져 봤다. 젖었다. 젖어도 아주 흠뻑 젖었다, 속바지는 물론이고 요 이불까지 오줌이 흥건하다.
 오줌 쌌구나!
 몇 번의 경험이 있는 관계로 직감적으로 알아차렸다.
 난감한 정도가 아니다. 얼굴은 엉망인 데다가 어떻게 해야 할지, 순간적으로 아무리 머리를 굴려 보지만 아무런 묘안이 떠오르질 않는다.
 "왕성아 너도 일어나서 밥 먹어라."
 어제 저녁밥도 굶고 배가 고픈 것은 물론이지만, 밥을 먹으러 갈 수가 없다.
 안방에서 들리는 엄마의 부르는 소리는 나를 저 어둡고 좁은 구석으로 짓뭉개면서 밀어 넣는 기분이었고, 이 느낌 또한 어제저녁에 겪었던 일들 못지않은 두려움이었다. 어쩌면 아부지한테 혼나는 두려움보다 클 수도 있었다.
 나는 "음~~" 하고 잠꼬대 같은 소리를 일단 내 놓고 시간을 벌기로 마음먹었고 다행히도 한 차례 더 불러 보신 엄마는 더 이상 나를 깨우지 않았다, 언니들 학교에 가는 소리 엄마가 부엌에서 설거지하는 소리가 내 귓가에 차례대로 들린다.
 그렇다고 특별히 이 사태를 해결하고 숨길 수 있는 방법이 있어

누워 있는 것도 아니다. 그냥 누워 있는 것이다. 잠시 후 설거지를 전부 끝낸 엄마가 건넌방으로 와서 나를 깨운다.

"왕성아, 일어나. 우선 밥 먼저 먹자."

엄마는 이불을 들치며 나를 일으키려 했고 모든 것을 포기한 나는 고개를 들지 못하고 일어나 앉았다. 이때를 그냥 기다렸던 것이다.

"이게 뭐야! 오줌 쌌네!"

나는 또 울음을 터트렸고 그런 내 얼굴을 보는 엄마가 깜짝 놀라 목소리가 커진다.

"얼굴이 왜 이래, 누가 때렸어!"

엄마의 속상한 마음이 이 몇 마디에 전부 담겨 있었고, 같은 표정으로 엄마는 내 얼굴을 이리 만지고 저리 바라보고를 하신다.

어젯밤에는 나 혼자 우물가에서 대충 세수 정도만 하고는 잠을 잤고 낮에 있었던 화재 사건만으로 정신이 없었던 엄마는 지금에서야 나의 이런 얼굴을 보신 것이다.

오줌 싸서 키를 뒤집어쓰고 옆집 뒷집으로 소금을 얻으러 가는 상황은 어쩌면 이미 과분한 일로 표현해야 할 정도의 현실이 됐다. 엄마한테는 내가 오줌 싼 게 문제가 아닌 것이다.

"세상에~ 누가 그랬어, 기태가 그랬어? 대식이가 그랬어?"

엄마는 소리소리 질러가며 나를 다그친다.

"대식이랑… 싸웠어…."

"왜!"

엄마가 다시 묻는다.

"어제 불낸 것 땜에… 그 자식이 자꾸 나한테만 뭐라고 하잖어…."
엄마는 잠시 한숨을 크게 쉬었다.
"일단 어서 일어나서 옷 벗어 놓고 갈아입어."
 엄마 손에는 이미 내 아래위 속옷이 들려 있었고 나는 엄마가 건네준 옷을 받아 들고 한쪽 구석으로 가서 갈아입었다. 개운하다, 정말 개운하다. 다른 것은 다음 일이고 이렇게 상쾌하고 가뿐할 수가 없다. 그사이 엄마는 빠른 손으로 이불 홑청을 뜯어내고는 이불솜을 밖으로 내다 널어놓는다.

 옷을 갈아입은 나는 좀 전과는 완전히 다른 기분이 됐다.
 중간중간 들려오는 엄마의 속상해하는 혼잣말에 나는 쥐구멍에라도 들어가고 싶은 죄인이 된 심정이었지만 엄마가 차려 들여온 밥상 앞에 갑자기 밀려온 허기를 이기지 못하고 고개를 밥그릇에 처박듯이 하고 그릇 전부를 비워 버렸다.
 이제 배가 부르다. 내가 순식간에 해치운 밥상을 엄마는 들고 나갔고 입술은 좀 따갑고 얼굴은 당기지만 남부러울 게 없이 편안해져 졸음이 쏟아진다.

"왕성이 엄마, 왕성이 엄마, 어디 있어? 빨리 나와 봐."
 깜박 아주 잠깐 잠이 들었던 내 귓가에 쩌렁쩌렁 아주 귀에 익은 대식이 엄마 목소리가 다시 조용했던 우리 집의 고요를 깨트린다.
"왕성아, 이놈아. 이리 나와 봐."

윗방 뒷문으로 나온 내 눈에 엄마 손에 이끌려 온 대식이가 보이는데, 눈이 새까맣게 멍이 들고 조금 보태서, 주먹만 한 혹이 하나 붙어 있을 정도로 부어올랐고 입술은 터져서 피가 맺혀 있었다. 한마디 속된 말로 개 밥그릇이 됐다.

"내가 아침이라 좀 더 있다 오려고 했는데 이놈 얼굴을 보면 볼수록 참을 수가 없어서 왔어!"

하시면서 나를 다그치신다.

"왕성아, 이놈아. 너랑 기태가 성냥불 켰다면서. 그래 놓고 왜 가만히 있던 대식이 얼굴을 이렇게 만들어 놔! 주먹질도 네가 먼저 했었다면서."

내 팔을 잡아끌면서 때릴 듯 나무라는 대식 엄마를 향해 이번에는 우리 엄마가 그냥 있지를 않았다.

"대식 엄마, 우리 왕성이도 얼굴 좀 봐. 나도 속상한 것은 마찬가지여. 그런데 지금 내 앞에서 왕성이한테 그렇게 퍼부으면 어쩌자는 거여!"

사실 내 얼굴에도 상처가 나긴 했지만 대식이에 비하면 양반인 셈이었다.

"왕성이 엄마!"

대식이 엄마가 소리를 빽~ 지른다.

"봐 봐, 이게 같은 건가…. 왕성이는 말짱하잖아."

대식이 엄마는 대식이의 엉망이 된 얼굴에도 화가 났지만 아무렇지도 않다고 할 정도로 상처가 거의 없는 왕성의 얼굴에 화가 폭

발을 하고 말았던 것 같았다. 하지만 엄마도 만만치 않았다.

"겉으로만 그렇지 지금 콧속이 막혀 숨을 제대로 못 쉴 정도로 부어 있고 입속도 터져서 밥을 못 먹을 정도여. 그리고 애들이 놀다가 싸운 걸 가지고 대식 엄마가 이렇게까지 하는 게 맞는 거야?"

이제는 엄마들 싸움이 됐다. 옆집 기태 엄마도 어느새 나와 있었지만 같이 나설 수 없는 상황이다.

기태 엄마 속도 말이 아닌 건 물론이었다, 다가올 겨울 땔감을 다 태워 버리고 막막한 심정이었지만 왕성이와 대식이 얼굴을 보니 어떻게 끼어들어 한탄하고 거들 수가 없었다.

기태 엄마는 한숨만 두세 번 길게 내쉬고는 엉망이 된 집 주변을 돌아다니며 정리를 할 뿐이었고 아버지들은 멀리 떨어져 있었으나 온통 신경은 이곳에 와 있었다.

동네 사람들도 여럿 모여들었다, 어느샌가 내 눈엔 대식이도 보이지 않았고 나도 슬금슬금 방으로 들어갔다.

"왕성 엄마, 애들 싸움이라고만 할 일이 아니잖아. 대식이 얼굴 봤지! 저런데 애들 싸움이라고 그냥 있을 수가 있냐고."

부엌으로 들어가려는 엄마 뒤를 따라 들어가며 대식이 엄마가 몸싸움까지 할 기세로 소리치며 달려든다.

이때 옆집 순미 엄마가 대식이 엄마를 가로막고 나선다.

"대식이 엄마, 이제 좀 참고 그만햐.

아래 웃집서 서로들 잘 지내 놓고서 이렇게까지 하면 어특햐…"

"자식 얼굴 보면 서로들 속상하니까 그러는디, 이제 와서 어쩔 수 없잖녀. 왕성이 엄마는 속이 좋겄어? 그만햐…."
 동네 사람들이 여기저기서 그만하라고 한마디씩 한다.
 순미 엄마는 말은 좀 느려도 다른 사람 일에 약방에 감초처럼 잘 나서고 또 해결도 잘하는 성격이었다.
 어른들 간에는, 말은 능글맞게 느린 사람이 오지랖은 넓다고 이미 정평이 나 있는 아줌마였다. 그런 순미 엄마의 개입에도 대식이 엄마의 화는 도무지 수그러들 줄을 몰랐다.
 우리 엄마 또한 마찬가지였고 어느새 어제 불 끄러 모였던 동네 사람들 거의 다 다시 모인 것 같은 느낌이었다.
 "그만하고 집으로 가."
 평소 별말이 없이 지내시던 대식이 아버지가 안 되겠다 싶은지 나타나셨다.
 "여럿이서 말리면 좀 들을 줄도 알아야지 어떡하자고 계속 난리여! 원수 척지고 살자는 말여!"
 대식이 아버지도 속이 상하신 건 같은가 보다. 에둘러 하는 말 같았다.
 우리 엄마들은 서로 잘 지내기로 소문이 나 있었다.
 같은 또래의 사내아이들이 쪼르르 있어서도 그렇고 엄마들끼리 비슷한 처지였기에 이웃사촌으로서 멀리 있는 친척보다 가깝게 지내왔던 건 사실이었다.
 그런데 점잖으시게 화도 잘 내지 않으시던 대식이 아버지까지 저렇게 말하셨을 때는 보통 일이 아닌 것은 확실해 보인다.

우리 아버지는 회사에 다니는 관계로 출근하셔서 그렇지 마치 전쟁 같은 이웃 간 싸움이 벌어질 수도 있었던 상황이었다.

윗방으로 숨어 들어왔던 나는 대식이 아버지 목소리에 깜짝 놀라서 또다시 문틈으로 밖을 살폈다, 대식이 아버지가 대식 엄마에게 약간 험한 말까지 남기고 사라져 버린 탓에 주변 분위기가 더 살벌해졌다.

여전히 순미 엄마가 이쪽저쪽으로 다니며 말려 보지만 좀처럼 진정될 기미가 없어 보이고 이제는 엄마들 간에 몸싸움과 집안싸움으로 번지기 일보 직전이었다.

내 머릿속 역시 후회와 자신에 대한 원망으로 가득 차 있었고 어떻게 해야 할지 막막하기만 했지만 내가 할 수 있는 일은 아무것도 없었다. 오로지 순미 엄마가 중간에서 잘 말려 주시기만 마음속으로 빌 뿐이었다.

한바탕 소동이 다시 있은 지 십여 분, 이제는 순미 엄마의 느릿하던 말투가 더 느려졌다.

"그려, 둘 다 아무 말 말고 그냥 있어. 그라구 진정햐…."

어린 나의 간절함이었을까 엄마들 싸우는 소리가 한마디도 들리지 않는다.

여기저기서 "그래, 속상해도 어떡하나! 그만 참아야지." 한마디씩 할 뿐이었다.

"대식이 엄마도 이제 집으로 가. 내가 좀 있다 들를 테니까 어여…."

순미 엄마가 그렇게 말하면서 대식이 엄마 팔을 끌고 부엌문을 나갔고, 대식이 엄마도 못 이기는 척 집으로 돌아갔다.

순미 엄마가 곧바로 부엌으로 되돌아왔고 부엌에서 엄마들 목소리가 두런두런 들려오는데,

나는 정말 다행이다 싶은 마음에 맥이 탁 풀려 그 자리에 드러눕고 말았다.

그 일이 있고 사나흘이 지나서 순미네 엄마는 대식이네 집과 우리 집을 오가면서 해결사 노릇을 하기에 바빴다. 그러나 당사자인 엄마들은 화해할 기미가 좀처럼 보이질 않는다.

우리 셋도 마찬가지로 서로에게 화가 나 있기도 했지만, 엄마들 간 갈등의 후유증 속에서 만날 수가 없었다, 아니 밖에 나가는 것 자체가 부담스러웠다.

그렇게 길고 긴 하루하루를 보내던 중에 오늘은 순미 엄마가 아침부터 일찌감치 우리 집을 찾았다.

집 안에서도 거의 윗방에서만 생활하던 내 귓가에 반가운 순미 엄마의 목소리가 나지막하게 들려왔다.

"왕성이 엄마, 이제는 그만들 하고 풀어.

언제까지 이러고 지낼 거여. 애들 땜에 벌어진 일인데 이렇게 오래가면 어특햐…."

역시나 우리 엄마는 말없이 듣기만 한다.

"어제는 대식이 엄마한테 내가 막 뭐라고 혔어. 애들 쌈이 어른 싸움 된다고 그렇게까지 왕성이 엄마한테 뭐라 하면 어떡허냐고.

그렇게 해 부쳤는데 암 말두 없는 거 보면 거기도 인자 숨 좀 죽었 능개 벼.

이제 서로 화들 풀고 둘이서 잘 해결해 봐. 나는 이제 안 나서고 당분간 안 올껴."

역시 오지랖 넓은 해결사다운 순미 엄마였다. 아마 짐작건대 대식이 엄마한테도 같은 식으로 말했을 것이다.

나는 순미 엄마가 정말 고마웠고 앞으로 인사도 잘해야겠다는 마음과 두 살 아래인 순미한테 잘해 줘야겠다는 생각을 했다.

그렇게 일단락된 듯싶었지만 엄마들 간에 깊게 맺힌 앙금은 좀처럼 가시지를 않았다.

엄마들뿐만이 아니라 겉으론 아닌 듯 행동하시지만, 아버지들도 마찬가지였고, 이웃 간에 서먹해지고 끊어져 버린 소통에, 보이지 않는 울타리 담장이 쌓여 버린 느낌이었다.

바람이 쌀쌀하다고 느껴질 정도로 되고 내복을 입어야 하나 하는 정도까지 시간이 흐르는 동안 엄마들은 왕래 없이 얼굴 마주치면 눈인사 정도만 하는 상태로 지냈다.

그렇지만 나와 대식이, 기태는 이미 그 일을 잊은 지 오래됐다.

대식이의 멍들었던 눈도 곳곳이 헤졌던 내 입안도 언제 그랬었나 하고 없어져 버렸고, 셋은 또 하루가 멀다 하고 만나서 하루종일 뛰어다니며 노는 일을 반복했다.

그런 덕분인지 엄마들 간에도 서먹한 기운은 많이 없어진 것 같았고, 가끔가끔 말을 주고받기도 했다.
　자신들이 저지른 일 때문에, 저지른 일 정도가 아닌 대형 사건에 나와 대식이 기태는 자신들 스스로가 보이지 않는 해결책을 찾아낸 것이었다.

　그로부터 얼마 지나지 않아 우리 집 부엌에서 고소한 돼지기름에 구워지는, 맷돌에 갈아 반죽한 녹두 빈대떡이 여러 접시에 담겨지고 나는 총총걸음으로 들고 나르기를 반복했다.
　"왕성아 이거는 제일 먼저 순미네 집에 갖다 드리고 와라. 넘어지니까 뛰지 말고. 이거는 기태네, 이거는 대식이네…."
　"예, 엄마."
　나는 신바람이 났다. 빈대떡을 먹을 수 있다는 생각만이 아니라 먹을 것 심부름하는 것도 좋고, 특히나 대식이 엄마에게 빈대떡을 들고 심부름 간다는 것이 그냥 막연히 설레고 좋기만 할 뿐이었다.
　"대~ 식아!"
　내 목소리가 크다 못해 우렁찰 정도였다. 잠시 후 대식이 나오면서 대식이 엄마가 열린 방문 사이로 바라보신다.
　나는 빈대떡 접시를 마루 한쪽에 내려놓았다.
　"엄마가 갖다 드리래요."
　대식이 얼굴도 웃음기가 가득하다, 대식이 엄마는 웃지는 않으셨지만 차분한 목소리고 나를 불러 세웠다.
　"왕성아, 잠깐만 있어 봐라."

그러시는 대식이 엄마 목소리에 한참 오래전에 있었던 무서운 대식이 엄마는 없었다.

대식이 엄마는 빈대떡이 담긴 접시를 들고는 부엌으로 가시더니 다른 접시에 옮겨 담았다.

부엌 한쪽에 놓인 양은솥을 열고는 큼지막하게 어슷 썰어 쪄 놓은 딴딴해 보이는 밤고구마 두 개를 담아 내 손에 들린 받침 소쿠리에 올려 주신다.

"떨어트리지 말고 찬찬히 잘 들고 가거라. 엄마한테 빈대떡 잘 먹겠다고도 말씀드려라."

"예! 안녕히 계세요."

내가 아주 큰 소리로 인사하며 뛰어간다.

그 아이의
유년 시절

그렇게 한 해 한 해 시간이 흘러서 왕성은 드디어 국민학교에 입학한다.

옆집 기태도 뒷집 대식이도 저마다 다른 색깔 다른 모양이긴 하지만, 가슴 한쪽에 얼굴보다 큰 손수건을 하나씩 옷핀에 꽂아 달았다. 모두들 엄마 손을 꼭 붙잡고 그렇게도 가고 싶어 하던 국민학교 입학식에 와 있는 것이다.

생전 처음 접하는 많은 사람들, 쩌렁쩌렁 울려 대는 마이크 소리, 왁자지껄 시끄러운 소리.

"왕성아, 저쪽 선생님 있는 쪽에 가서 줄 서."

엄마가 왕성의 손을 놓고는 담임이 될 선생님 쪽으로 왕성의 등을 밀어서 보낸다.

"엄마~"

나는 엄마한테서 눈을 떼지 못하고, 울기 직전의 얼굴로 선생님을 향해 무거운 발걸음을 옮겼다. 너무나도 크게 보이는 운동장 한가운데에 줄이라는 것을 맞춰서 서 있게 된 것이다.

어느새 논둑길을 같이 걸어왔던 기태도 대식이도 내 눈에는 보이질 않는다. 당황해하는 모습이 역력해 보인다.

국기에 대한 맹세, 동해물과 백두산이~ 애국가 제창, 교장 선생님 말씀, 하루가 어떻게 지났는지 모르겠지만 나는 그렇게 1학년 4반인 꿈에도 그리던 (고생길이 열린 줄도 모르고…) 국민 학생이 되었다.

다른 아이들과 마찬가지로 그냥 개구지고 호기심 많은 시골 아이로 자라온 나는 단 한 번도 해 보지 않은 기역 니은, 2×2는 4, 도레미파를 시작으로 학교생활을 하게 된 것이다.

국민교육헌장, 국기에 대한 맹세, 애국가를 외워 부르고 어떤 때는 나머지 공부를 하고 지정받은 청소를 해야 했고, 부담스러운 공부 시간, 마냥 놀 수만 없는 여름 방학 일기 쓰기에 반공 포스터, 표어, 곤충, 식물 채집, 등등의 숙제들…. 모든 것이 새로워 정신없고 바빴던 1학년이 지나고 어떻게 한 살을 더 먹었는지 모를 만큼 빠르게 시간이 흘렀다.

그러고는, 어느덧 2학년 겨울 방학 종업식.
내일부터는 방학이고 오늘은 공부 시간도 없다.
학교 친구로는 1학년부터 같은 반으로 올라온 문화동 천근에 사는 석용이가 있다. 마음을 잘 표현하지 못하는 내성적인 성격이 비슷해서인지 둘도 없는 친한 사이가 됐다.
"석용아, 방학 되면 못 볼 거니까 이따 대청소까지 다 끝나고 나 십 원 있거든? 학교 앞에서 뭐 사 먹고 놀다가 집에 가자."

"알았어, 왕성아 이따가 청소 끝나고 후문 쪽 문방구에서 만나."

석용이 기분 좋게 대답한다.

따르르릉…

첫째 공부 시간 종이 울리고 한참 후에서야 담임 선생님께서 무언가를 끌어안은 반장과 함께 앞문을 열고 들어오신다.

방학 과제물, 가정통신문, 성적통지표, 순간 아버지의 무서운 얼굴이 머릿속을 뒤덮었고 나는 걱정이 먼저 앞선다.

성적이 좋지 않을 것이 뻔했기 때문이다. 더구나 아버지를 만족하게 할 성적은 절대 아닌 것을 나는 너무도 잘 알고 있었다.

"이왕성."

"예."

선생님이 부르시는 소리에 거의 기계적으로 대답하고는 성적표를 받아 성적, 등수 이런 쪽에 먼저 눈이 갔다. 역시나 생각했던 대로다. 이제는 어쩐다….

반장의 선생님께 경례라는 말과 함께 종업식을 마쳤고, 선생님께서 정해 주신 복도 바깥쪽 유리창 틀에 애들 틈에 섞여 올라앉았다.

석용이는 운동장 청소다. 석용이가 지나가며 "왕성아 이따가 문방구 앞에서 봐~"라는 말에 "알았어." 짧게 대답을 하고 유리창 청소를 하지만 머릿속엔 온통 걱정뿐이다.

그래서인지 담임 선생님의 청소 검사에서 "청소 다시."라는 퇴짜를 맞았다.

그런 친구들이 절반도 넘게 보인다. 배는 고프고 석용이는 기다릴

텐데, 안 되겠다. 후~ 후~ 입김을 불어 가며 열심히 닦았다. 두 번이나 퇴짜를 맞고 나서야 열 명도 남지 않은 서늘하기까지 한 교실을 빠져나왔다.

가방을 둘러메고는 냅다 뛰기 시작해서 후문 쪽에 도착했지만, 너무 늦어서 후문은 이미 잠긴 상태이고 석용이도 보이질 않는다.

다시 발걸음을 돌려 터덜터덜 정문 쪽으로 걸어가던 그때, 중학교 형들 셋이서 뛰어다니며 연을 날리는데 연 자세가 네 발짜리다. 이 당시 부러움의 대상이었다. 감았다 풀었다를 반복하는 형들이 얼마나 부러운지 한동안 서서 바라보고 있었다.

"왕성아, 왕성아."

큰언니 일순이다. 큰언니 일순은 6학년인데 방학이 아니다. 중학교 입학시험을 앞두고 학교를 계속 나와야 하는데 공부 시간이 끝나고 쉬는 시간이었던 것이다.

"왕성아 왜 이제 집에 가?"

"대청소했는데 퇴짜 맞아서…."

배도 고프고, 말끝이 흐려졌다.

큰언니는 통지표 성적은 물어보지도 않고 말했다.

"왕성아 이리 와. 뭐 사 줄게. 밥도 못 먹어서 배고프지."

정문 앞 문방구에는 오뎅국도 찌기도 판다. 그런데 큰언니는 "건빵 십 원어치 주세요." 하고는 받아서 나한테 건넨다.

"왕성아 그거 먹으면서 얼른 집에 가."

하고는 학교 안으로 들어가려던 큰언니 입에서,

"왕성아 연 자세 갖고 싶어?"

묻고는 다시 되돌아 연 자세가 걸려 있는 안쪽으로 가고 있다.

나는 그런 큰언니 등 쪽에 대고 고개를 끄덕였다.

큰언니는 두 발짜리 연 자세를 이것저것 골라 보고서 얼마인가를 문방구 주인아저씨께 주고는 연 자세를 갖고 나와 내 손에 쥐여 줬다.

공부 잘하던 큰언니는 그 당시 회사 다니시던 아버지께 용돈을 두둑이 받았던 것으로 알고 있다. 공부하느라 쓸 일도 별로 없었던 것 같았고….

사실 큰언니는 공부를 굉장히 잘했다. 성적이 어느 정도였는지 잘은 모르겠지만 내 담임 선생님은 물론 학교 선생님들이 "일순이 동생이네."라며 나를 챙겨 주셨을 정도였다.

그런 자식을 두고 있고, 당시 아주 큰 회사에 다니셨던 아버지는 큰언니에게 용돈이란 개념은 없었지만 떨어지지 않게 주었던 것 같았다.

그런 공부 잘하던 큰누나가 있었기에 그 기대가 큰아들인 나로 이어지길 바랐던 아버지는, 굉장히 보수적, 고지식 그 어떤 단어를 사용해도 표현하기 어려운 그런 사람이었다.

'여자가 배워서 뭐 해, 장손이 배워서 집안을 일으켜야지.' 하는 생각의 소유자였으며, 공부하는 것에 있어서 나에게는 한없이 원망스럽기만 했고 겁나고 무섭고 두렵기까지 했던 그런 아버지였다.

두 발짜리라도 그게 어디냐. 나한테도 연 자세가 생겼는데.

내 머릿속에는 이제 통지표, 아버지의 무서운 얼굴 그런 것들은 사라졌다.

나는 주머니 속 건빵을 하나하나 깨물어 먹어 가며 꼬불꼬불 논둑길을 한달음에 뛰어서 집에 왔다.

한쪽 손에 희뿌연 노란색 칠을 한 양발짜리 연 자세가 들려 있는 나를 본 엄마가 물었다.

"왕성아 그게 뭐야? 왜 이렇게 늦었어? 대식이는 아까 왔는데."

"엄마, 이거 연 자세. 큰언니가 사 줬어."

엄마는 이렇다 저렇다 말씀 없으시고 "배고프겠다. 어서 와서 밥 먹자." 하시며 밥을 차려 주셨고, 나는 밥을 먹으면서도 연 자세에만 눈이 가 있었다. 건빵을 먹긴 했지만 안 먹어도 배부른 기분이었다.

다른 친구들은 형들이 소나무 잘라 껍질 깎고 말려서 만들어 준 연 자세인데 나는 물감 같은 페인트칠 된 네모반듯한 연 자세를 갖게 되었으니 말이다, 이번 겨울 방학은 너무 짧을 것 같다는 생각이 든다.

통지표, 회초리, 종아리, 아버지에게서의 통과의례를 거치고 방학 숙제는 나 몰라라 방패연, 가오리연을 개울 건너 복용이 형의 도움으로 만들어서 아버지의 눈을 피해 여러 날을 한참 동안 연만 날리고 놀았던 것 같다,

이제는 연 날리는 것도 별로 재미가 없어졌다.

이 시절, 남자애들은 정월 대보름 하면 가장 먼저 떠오르는 일이

있다. 더위팔기도 부럼도 오곡밥도 지신밟기도 아닌, 쥐불놀이(우리 동네 말로, 개불이)이다.

  우리 친구들은 설날이 지나고 나면 어른들 눈을 피해서 거의 매일 깡통에 불 지펴 가며 밤낮없이 개불이 돌리는 것으로 일을 삼았다.

  그러나 우리 집은, 더 구체적으로 말하면 나는 엄한 아버지 묵인 하에 일 년 중 유일하게 대보름 무렵 사나흘이 밤에 나가 놀 수 있는 시기이기도 하다.

  아랫동네 태상이 형이 아침부터 우리 친구들 아지트인 도랑 밭에 와 있다.

  물론 내 옆에는 기태와 대식이도 같이 있다.

  우리 아지트가 이 무렵에는 햇볕도 잘 들고 널찍해서 아랫동네 형들은 물론이고 학교 후문 동네 영욱이, 석태, 동철이 등등… 겨울 방학이면 거의 매일 모이는 곳이다.

  조금 있으니까 이 당시 귀하디귀한 야구 글러브, 권투 글러브, 시멘트를 굳혀서 만든 역기, 이런 것들을 많이 갖고 있는, 우리와는 여서일곱 살 많지만, 운동 잘하고 우리랑 잘 어울리는 복용이 형이 슬금슬금 나온다.

  "태상아 못 준비해 왔지? 오늘은 철둑 동네 철로에 못 갈리고 개불이 할 거 나무 주우러 간다." (동네마다 텃세라고 할까. 우리 동네는 이 부근에선 가장 큰 동네이고 2년 터울의 형제들이 보통 5명, 7명 이렇게 되니까 고만고만한 또래들이 얼마나 많았겠는가. 그런 큰 동네니 웬만한 텃세에는 밀리지 않았다.)

하지만 철둑 동네는 함부로 갈 수가 없었다.

집은 몇 채 없었지만, 동네 사람들이 굉장히 거칠었고 애들도 만만한 상대가 아니었다.

그러나 철도 주변에 1년 동안 널브러져 있는 목침 부스러기 조각들은 아주 중요한 개불이 자원인데 이것을 포기할 수는 없었다.

그것을 확보하기 위해 서로 간의 싸움이 자주 일어나는 것이었다.

오늘은 복용이 형이 있고 우리 쪽 애들이 많아서 그랬는지 철둑 동네 애들이 나타나지 않는다.

"형, 기차 와요."

기찻길 선로에 귀를 대고 있던 태상이 형이 복용이 형에게 소리친다.

"야. 빨리 못 올리고 뛰어."

우리는 각자 주머니에 아까 태상이 형에게서 받은 못 세 개씩을 침을 미리 뱉어 놓았던 철로 위에 올려놓고는 철도 옆 도랑 둑 너머로 뛰었다.

침을 뱉어 놓고 위에 못을 올리면 기차가 와도 바로 떨어지질 않지만, 너무 일찍 올려놓으면 기차가 오는 동안 그 울림에 미끄러져 떨어질 수도 있기 때문에 침만 먼저 뱉어 놓고는 기차 오기 직전에 못을 올려놓는 것이다.

열두 공굴 쪽에서 기차가 온다.

우리는 각자 못을 올려놓았던 자리만 눈이 빠지라 쳐다본다.

드디어 기차가 철컹철컹 지나가고 번쩍번쩍 못이 갈려 여기저기 날아다닌다. 기차가 지나가자마자 이제 반대로 철로 쪽으로 뛰어갔다.

좀 전에 보고 있던 못 튄 자리만 바라보면서 뛰는 것이다. 그렇게 하면 돌 사이에 깊이 박힌 것은 잃어버리지만 거의 다 찾는다.

각자, 잘 갈려졌느니 못 갈려졌느니 해 가면서 주머니에 넣고는 기찻길 주변을 이리저리 살피며 걷는다.

이제 기차 올 시간도 아직 멀었고 기름 나무를 찾느라 말도 별로 없이 아주 작은 것까지 전부 주워 담는다.

이 기름 나무는 불이 잘 붙고 아주 오래 타기 때문에 땔나무가 귀했던 그 시절에는 대보름 개불이의 재료로서 아주 중요한 것이었다.

우리의 아지트 땅굴 속엔 이 기름 나무가 비료 포대로 세 개 정도는 쌓여 있었다. 이렇게 1년 동안 조금씩 조금씩 모은 것이다.

다시 반대편에서 기차 올 시간이 되었고 우리는 철둑 동네를 지나 우리들의 아지트로 다시 향했다.

"복용이 형, 나도 칼 하나만 만들어 줘요."

기태가 복용이 형한테 떼를 쓴다.

"니덜이 만들어. 내 거 만들어야 돼."

우리는 잘 못 만드니까 흉내만 내고 잘 들지도 않는 칼을 갖고 있지만, 손재주도 좋고 뭐든지 잘하는 복용이 형은 여러 번 갈린 못을 망치로 두드리고 시멘트 바닥에 갈고 날을 세워서 정말 칼같이 잘 만든다.

지금 생각하면… 왜 못을 갈아서 칼을 만들어 놓았는지, 각자의 집 비밀 창고에 딱지, 구슬(다마), 훈장, 껌 종이, 나무 못치기 못, 이런 것들을 왜 모아 놓았었는지. 이런 것들을 쌓아 두면 어린 마음에 왠지 뿌듯하고 부자 같고 힘 있어 보이고 그런 생각들이었을까? (잠시 헛웃음을 지어 본다.)

"그럼 야구공 받으면 내일 만들어 주께. 알았지?"

하고는 집으로 가더니 캐처 글러브, 투수 글러브하고 실로 꼬맨 것 같은 진짜 공을 갖고 왔다.

그때는 글러브 겨우 하나 있는 애들도 딱딱한 고무로 만든 공밖에 없었지만, 복용이 형은 이 진짜 공이 몇 개나 된다.

기태에게 캐처 글러브를 던져 주더니 받으라 한다.

우린 무서워서 잘 안 받으려고 하지만 복용이 형은 자기가 던져야 하니까 항상 억지로 우리한테 받으라고 한다.

기태는 겁이 났지만, 칼 만들어 준다는 말에 몇 번은 받아 보지만 놓치고 엎어지고 서너 번 만에 못한다고 기권한다.

"왕성이가 받아 봐."라는 말에,

"형 싫어요…. 나는 칼 안 만들어도 돼요."

(나는 칼을 만들어도 집에 가져갔다가 아버지한테 들키면 경을 치를 것이 뻔했기 때문에 아예 만들 엄두를 못 냈던 게 사실이었다.) 그냥 만들어 주면 혹시 몰라도 공을 받으라 하니 나는 할 수가 없다.

"몇 번만 받아 봐. 괜찮아, 인마. 살살 던질게."

"그럼 진짜 살살 던져 형!"

나는 쾌쾌한 가죽 냄새가 좋았고 야구 글러브를 껴 보고 싶은 호기심, 받아 보고 싶은 충동도 느껴서 짧은 갈등 끝에 글러브를 끼고

굴뚝 벽 쪽에 앉았다.

"던진다."

슝~

공이 날아오지만 나는 공을 받기는커녕 공을 보지도 못하고 글러브에 맞아 놓치고 만다.

"다시 한번 더 해 봐. 공을 똑바로 봐야지, 인마."

복용이 형이 온갖 똥폼을 다 잡고 다리를 들었다가 내리면서 공을 던졌다.

"아야!"

공은 정확히 내 눈을 때렸고 눈에서 불이 번쩍, 나는 데굴데굴 굴러가며 소리를 질렀다.

복용이 형이 그 자리에 글러브를 던져 놓고 뛰어왔다.

내 눈은 빨갛게 부어올랐고 울고불고 난리가 났다.

복용이 형은 나를 겨우 달래 놓고 어쩔 줄 몰라 하더니 갑자기 집으로 뛰어갔다 오는데 손에는 삶은 감자 두 개가 들려 있다.

"왕성아 울지 말어. 이거 먹고 엄마한테 공 받다가 그랬다고 하지 마! 알았지?"

나는 삶은 감자 두 개에 복용이 형한테 넘어갔다. 감자를 먹다 보니까 아픈 것도 조금 나아진 것도 같지만, 사실은 복용이 형이 나한테는 항상 잘해 줬었기 때문이었다.

그럼에도 다음 날엔 여지없이 눈이 새까맣게 멍이 들었고 엄마한테 다 탄로가 나고 말았다,

복용이 형은 우리 아버지에게 엄청나게 혼이 났고, 나는 한쪽 눈에 멍이 시퍼렇게 든 얼굴로 대보름을 맞이해야 했다.

"아부지, 언니들이랑 개불이 하고 올게요."

나는 당당히 허락을 받고 밝은 대보름달 아래, 친구들과 온 논바닥을 헤집고 다니며 개불이 깡통을 돌리고 다녔다.

하늘로 던져 올려 불꽃놀이를 하고 다시 불 피워 돌리고를 반복하며 망아지같이 뛰어다녔고, 큰언니와 작은언니는 앞집, 뒷집 누나들, 아줌마들이랑 논 한쪽에 모닥불을 피워 놓고 도란도란….

그렇게 길었지만 아쉬웠던 하룻밤을 보냈다.

내일은 밥 얻으러 다니는 날이다. 또 하루가 기다리고 있어 마음이 뿌듯하다.

"밥 주세요, 밥 좀 주세요~"

우리는 합창하듯이 밥 달라고 소리친다.

"그래 조금 기다리거라."

기태네 집부터 시작이다. 오늘은 같은 동네지만 약간 떨어져 있는 곳에 사는 다른 친구 두 명과 함께 다섯 명이다.

기태 엄마가 흰쌀밥과 호박꼬지나물, 가지나물 같은 묵나물을 그릇에 담아 와 우리가 내미는 아주 큰 박 바가지 안에 담아 주신다.

"안녕히 계세요."

다음은 대식이네 집이다, 대식이네는 쌀밥도 안 하고 나물도 안 했단다. 그냥 평상시 먹는 밥에 김치, 찐 고구마 두 개를 담아 주신다.

대식이네는 고구마 농사를 많이 지으니까 고구마를 흔하게 먹지만, 그렇지 않은 집은 고구마도 귀한 먹거리였다.

"고맙습니다~"

기태가 큰소리로 인사를 하고 나온다.

다음은 우리 집이다. 밤도 있고 대추도 있고 좁쌀도 섞인 찰밥이다, 도라지나물, 무나물도 있다. 순미네 집이다.

"밥 주세요~"

순미 엄마는 아직 밥이 안 됐으니까 한 바퀴 돌고 다시 오라 하신다.

몇 군데 빠진 곳도 있지만 한 바퀴 돌고 나니 바가지 안이 절반 정도는 찼다.

경로당, 진양 상회 못미처 검은 판잣집 앞이다. 이 집엔 우리 또래 친구는 물론 남자애들은 한 사람도 없다. 동네에선 딸 부잣집이라고 부르기도 한다.

"그냥 통과하자."

기태가 말했고,

"그래 작년에도 여기는 밥 없다고 한 집여."

하고 다른 친구가 맞장구를 치지만 대식이의 생각은 다르다.

"야, 그래도 한 번만 밥 달라고 해 보자. 안 나오면 그냥 가면 되지, 뭐. 내가 해 볼게. 밥 주세요~"

대답이 없다,

"한 번만 더 해 보자. 밥 주세요~"

"기다려."

국민학교 1년 선배 여자다.

"야~ 기다리래. 올해는 주려는가 보다."

대식이가 신났다. 잠시 후에 나온 선배 손에는 분홍색 바가지가 들려 있었다, 대식이가 우리 바가지를 내밀었고 그 선배는 분홍색 바가지를 부어 준다, 그런데 이게 웬일이냐.

"물이다!"

"시끄럽게 앞으로는 우리 집 오지 마라."

하고 선배는 뛰어 들어간다.

우와… 망했다! 한 시간도 훨씬 넘게 돌아다니면서 얻은 밥이 물에 섞여 엉망이다.

"야, 대식아. 빨리 물 따라내."

그러자 대식이가 한쪽 손으로 밥이 쏟아지지 않게 갖다 대고는 물을 따라 버린다.

"야, 이년아~ 뭐 저런 게 있냐."

다른 친구가 집 마당에 대고 욕을 한마디 한다. 달빛에 비친 바가지 안은 물 말아 놓은 것같이 축 처진 밥이, 돼지 밥같이 보인다.

"야, 이거 좀 있으면 팅팅 불게 생겼다. 우선 먹고 나서 생각하자."

기태가 하는 말에 그러자고 맘을 맞췄다. 그래도 물이 많지 않았고 빨리 따라 버려서 먹을 만은 한 것 같았고, 한 바퀴 더 돌아야 했지만 그냥 우리들의 아지트로 향했다.

"야, 빨리 불 피워."

급하게 불을 피워 놓고 밝은 대보름 달빛 아래 빙 둘러앉아 먹는 밥은 물 말아 먹는 밥 같았지만, 형태는 남아 있었고 그 어떤 진수성찬보다도 훌륭했다.

"엄마, 모레 수요일 날에 담임 선생님 가정방문 오신대."
"그걸 이제 말하면 어떻게 해."
엄마는 깜짝 놀라시며 뭐라고 나무라신다.
"저번 토요일 날 학교 끝나고 집에 와서 말하려고 했는데 깜빡하고 이제 생각이 났어, 엄마."
"아무것도 없는데 큰일 났네."
엄마는 찬장 안쪽에 커피하고 프리마 병을 먼저 확인하신다. 다행히도 충분한가 보다.
"뭐를 해야 하나."
엄마는 잠시 고민하시더니 아랫마을로 향한다. 진양 상회 가시는 게 뻔했다.
선생님 오시는 전날 저녁, 우리 집 부엌에선 고소한 콩기름 냄새가 나기 시작했고 엄마는 밀가루를 빚어 만든 약간 꾸덕꾸덕 마른 약과를 튀겨 내신다.
나는 옆에 쭈그러트리고 앉아 모양이 잘못 나와 한쪽에 따로 담아 놓은 약과 튀김을 생기는 족족 먹어 치웠다.
"왕성아 그만 먹어라. 이따가 조청 발라서 아버지랑 언니들하고 같이 먹어야지."
한쪽 네루식 연탄 화덕 위에 찜통 안에는 찹쌀로 만드는 약식이

그 아이의 유년 시절　79

김을 뿜어내 가며 쪄지고 있었다. 나는 내일 선생님께서 우리 집에 가정방문 오시는 것도 물론 좋지만, '내일은 이것들을 실컷 먹겠지.' 잿밥에만 관심 있는 그런 생각에 빠져 엷은 미소를 띠고 있었다.

"엄마, 선생님께서 아랫동네 우리 같은 반 친구 집에 가셨고 다음에 우리 집에 오신대."

나는 헐레벌떡 한걸음에 뛰어와서 엄마에게 말했다. 엄마는 제사 지낼 때나 먹어 볼 수 있는 큼지막한 배를 토끼 귀같이 껍질을 만들어 남겨 예쁘게도 잘 깎아 비싸게 생긴 접시에 담아 놓으셨고, 어제 만든 약식과 약과를 올려 안방 한가운데에 상을 차리셨다.

"왕성아 집 뒤꼍으로 가서 아랫마을 가는 길에 선생님 오시나 안 오시나 보고 있다가, 오시면 얼른 와서 말해라."

"예." 하고 대답한 나는 뒤꼍으로 가서 선생님께서 오시는가만 눈이 빠지게 쳐다본다. 선생님께서 멀리서 또 다른 친구 두 명과 함께 걸어오신다.

"엄마, 선생님 오셔."

"그래 알았다."

엄마는 아버지가 가끔 드시는 커피를 꺼내 꽃무늬가 있는 커피잔에 한 세트인 잔 받침까지 받쳐 커피하고 프리마를 담아 놓으셨고, 주전자 물을 곤로 위에 올려놓으셨다.

"왕성이 어머니, 안녕하세요."

"예, 선생님. 어서 오셔요."

"예, 어머니. 그런데 닭장에 닭이 많네요."

"예, 한 열댓 마리 돼요, 알 받아 먹으려고 키우는데 생각보다 많이 낳질 않아서요. 전부 처분하고 다시 병아리 입식해서 키워 볼까 생각 중이네요. 어서 들어가셔요."

선생님이 마루를 올라 안방으로 들어가시고 나는 다른 친구들 둘에게, "나 들어갔다 올게." 작게 말하고서 선생님 뒤를 따라 들어갔다.

커피 끓이는 특별한 냄새가 코끝에 확 와 닿았고, 엄마는 선생님 커피를 쟁반에 받쳐 들고 오셔서는 정말 깔끔하고 예쁘게 차려진 상 위에 올려놓으셨다.

"선생님 커피 좋아하시나 모르겠는데 드시고요, 약소하지만 제가 어제 정성껏 준비한 거니까 많이 드세요."

"예, 어머니. 뭘 이렇게 많이 준비하셨어요. 잘 먹을게요. 어머니도 같이 드세요."

선생님께서 커피잔을 들어 한 모금 마시고는 다시 말씀을 이어 가신다.

"어머니, 왕성이 아버님은 회사에 다니신다고 하셨죠."

"예. 그래요, 선생님, 그래서 농사는 많이 짓지 않아 편하기는 한데 전부 좋지만은 않아요.

왕성이는 학교에서 어떤가요, 선생님?"

"예… 에."

선생님께서 말씀을 하시려는데, 엄마가 잠시 선생님께 눈인사하고는 왕성에게 먼저 말씀하신다.

"참 왕성아, 부엌 부뚜막에 너희 것 차려 놓았으니까 나가서 친구들이랑 같이 먹고 있거라."

엄마는 내가 없는 자리에서 선생님께 하고 싶은 말이 있으신 게다.

나는 이 자리가 왠지 부담스럽고 어려워서 안 그래도 나가 볼 궁리를 하고 있었는데, 잘 됐다 싶어 엄마 말이 끝나기도 전에, "예, 알았어요. 엄마."하고는 밖으로 나왔다.

친구들과 부엌으로 가서 게 눈 감추듯 뚝딱 먹어 치우고는 앞마당으로 나와 닭장 주변에서 선생님께서 나오시기를 기다렸고, 잠시 후에 선생님은 다음 친구 집으로 떠나셨다.

"야, 아카시아꽃 따 먹으러 가자."
"그래, 그러자."
"탑골산 올라가는 쪽으로 가면 군인 아저씨들 없거든. 그쪽으로 가자."

오늘도 우리 삼총사는 여느 때와 같이 모였고, 오늘은 아카시아꽃이 잔뜩 핀 군부대 울타리 쪽으로 갔다. 아카시아꽃이 먹기 딱 좋았다, 덜 피지도 완전히 펴서 누렇게 변하지도 않은, 입안에 한 주먹 넣고 깨물어 먹으면 단맛이 쭉쭉 나올 것 같은, 눈으로만 봐도 달콤하게 생긴 아카시아꽃이 널려 있다.

"여기 있는 게 따기 좋게 생겼다. 대식아, 너랑 나랑 엎드리고 기태니가 키가 제일 크니까 올라가서 저 늘어진 가지 땡겨 가며 다 꺾어라."

"알았어, 엎드려 봐."

허리를 숙여 앞으로 엎드린 우리 등을 밟고 철조망 시멘트 기둥을 잡아 가며 기태가 올라갔다.

"기태야 가시 안 찔리게 손 조심하고 가쟁이 꺾어서 아래로 던져. 그리고 빨리빨리 해."

등허리가 무지하게 아프다. 등허리가 아파지는 만큼 내 목소리가 커진다.

"알았어, 인마. 조용히 좀 해, 군인 아저씨들 오면 어쩔라구 그래."

"앗, 따거."

기태가 가시에 찔려 가면서도 가지를 땡겨 꽃을 따려고 해 보는데 만만치가 않아 보인다. 얼마 따지 못했다.

"야, 이놈들아!"

우리가 아카시아꽃 따는 것에 빠져 주변을 살피지 못한 사이 보초 순찰을 하던 군인 아저씨한테 걸렸다.

"어서 내려와, 이 녀석아."

기태가 깜짝 놀랐고 우리도 덩달아 놀라서 몸을 일으켜 세우는 사이, 주르륵 하고 기태가 도랑 아래로 뚝 떨어졌다.

"아야야~

너희 이놈들 잡아간다. 몇 학년 몇 반여."

군인 아저씨가 무섭고 근엄한 얼굴, 겁나는 목소리로 말했다.

"너 나무에 올라갔던 키 제일 큰 놈, 이리 와 봐."

우리는 철조망이 막혀 있는데도 겁이 나서 도망가지 못했고, 기태가 군인 아저씨 있는 쪽으로 가면서 대답을 하는데 우리는 바닥에 아까 넘어진 상태로 그대로 있었다.

"5학년요. 얘는 1반이구요 쟤랑 저는 같이 5반여유."

군인 아저씨는 기태를 아래위로 훑어보더니 "너 어디 살아?" 하고 물었고, "저 철둑 너머 동네요."라는 기태의 대답에 이렇게 말한다.

"그럼 집에 가서 고추장 갖고 와라, 그러면 안 잡아가고 아카시아 꽃도 많이 따 줄게."

그 말이 끝나자마자 우리 셋은 서로 얼굴을 마주쳤고, "예!" 하고 동시에 큰소리로 대답한다.

그도 그럴 것이, 고추장은 아무 집에나 가도 잔뜩 하니까 못할 게 없던 것이다.

"그럼 지금 가서 고추장 갖고 와 봐라. 아저씨가 꽃 따 놓을 테니까. 그릇도 하나 갖고 와라."

"예!"

우리는 큰 소리로 대답하며 둑길 위로 올라왔고, "고추장 많이 갖고 와라." 하는 아저씨 말을 뒤로한 채 집을 향해 뛰었다.

"야, 왕성아. 니덜 집이 그래도 고추장 제일 많으니까 니들 집 것 가져가자."

"우리 엄마 있나 보고."

우리 셋은 우리 집 뒷마당 장독대 쪽으로 가면서 마당과 부엌을 살폈다. 다행히도 엄마가 안 계신다.

나는 찬장 아래쪽에 엄마가 라면 봉지 모아 놓는 서랍을 열고 라면 봉지 두 개를 꺼내고 숟가락 한 개를 찾아 부엌을 나왔다. 엄마가 오기 전에 해야 한다는 마음에 급해졌고, 빠른 속도로 장독대로 가서 고추장 단지를 찾아 라면 봉지에 거의 꽉 차게 담았다.

"야, 기태야 숟가락은 그냥 단지 안에 넣어 놓고 뚜껑 닫고 가고 있어. 고추장 안 흘리게 다른 봉지로 잘 싸라. 나는 소쿠대미 하나 찾아서 쫓아가께."

나는 창고 벽에 걸려 있는 소쿠리 중에서 제일 큰 것을 내려서 들고 애들 뒤를 쫓아서 뛰어갔다.

우리는 빠른 걸음을 걸어 아까 그 자리에 도착했다.

그런데 웬일이냐. 군인 아저씨가 안 보인다. 우리는 맥이 빠져 서로의 얼굴만 바라본다.

"군인 아저씨 갔다. 야, 에이 씨."

대식이가 한마디 하면서 부대 안 이쪽저쪽을 살피는데, 저 멀리에서 아까 그 아저씨가 우리를 보고 걸어오고 있었다.

우리 셋은 길 가다가 동전이라고 주운 것같이 화색이 돌았다.

그 군인 아저씨는 "고추장 갖고 왔냐? 이리 줘 봐." 하면서 다가왔고, 우리가 내민 고추장을 받아 들고는 이놈들 그릇은 무지하게 큰 것 갖고 왔네 하며 웃는다.

아까 소쿠리를 고르면서 '그릇을 큰 것 갖고 가면 아카시아꽃 많이 따 주겠지.' 하고 생각했던 것도 사실이다.

군인 아저씨는 꺾어 놓았던 아카시아꽃 가쟁이를 밖으로 전부 던져 주었다.

많기도 하다. 우리는 그 많은 아카시아꽃을 한 주먹씩 먹어 가며, 소쿠대미에 따 넣어 가며, 기분 좋은 순간이었다.

나중에 생각한 것이지만 그 군인 아저씨는 부대 안으로 지저분하게 자란 아카시아 가지를 잘라 내는 일을 했던 것도 같았다. 군인 아저씨 입장에서는 도랑 치고 가재 잡고? 여하튼 우리는 하나 가득 찬 큰 소쿠대미를 둘씩 번갈아 들어 가며 기분 좋게 집으로 향했다.

오는 길에 기태가 우리를 "잠깐." 하고 세운다.
"왕성아, 여기 논에 비 오고 나면 미꾸라지 무지하게 많이 올라와."
기태가 부대 옆으로 있는 물이 꽉 차 있는 물 논을 가리키며 하는 말이다.
"내가 우리 아버지가 하는 얘기 엿들었거든. 이것 잡아다가 시내 역전시장에 가면 팔 수 있대.
그 돈이면 우리는 짜장면도 사 먹을 수 있고 빙수도 도나스도 사 먹을 수 있어."
우리는 짜장면 얘기에 귀가 번쩍 뜨인다.
"우리 언제 날 잡아서 여기 미꾸라지 싹 다 잡아서 갖다 팔자."
짜장면을 먹기 위한 대단한 계획을 세운 우리는 발걸음이 가벼워졌고, 나 왕성은 갑자기 아카시아꽃이 별로 맛이 없다는 생각을 하면서 걷고 있었다.

우리가 그렇게 세운 계획을 실행에 옮기는 데에 그리 오래 끌지 않앉다.

셋이 모이면 어떤 일도 두렵지 않고 못 할 게 없다는 자신감이 있었던 우리는 버스비를 모으고 기태네 아버지가 애지중지 아끼시던 고기 잡는 그물(일명 활체)과 바케쓰를 몰래 갖고 나와 그 미꾸라지가 많다던 논에 와 있다.

역시나 기태 말이 사실이었다. 나와 대식이가 활체를 양쪽에서 잡고 있고 기태가 몇 발짝 위에서부터 몰아오면 우리가 활체를 들어 올리는 식인데, 제일 처음 개시부터 엄청나다. 꼬물꼬물 열 마리 이상은 되는 것 같았고 그 후로도 끊이지 않고 나와 주기에 우리는 그 따가운 뙤약볕 아래서도 쉬지 않고 미꾸라지를 건져 올렸다.

그리 길지 않은 시간 만에 우리는 양동이에 거의 가득 찰 정도로 미꾸라지를 많이 잡았다.

"야, 인제 그만 잡자. 이거면 충분할 것 같다. 나는 얼른 집에 가서 활체 놓고 올 테니까 니들은 미꾸라지 대충 씻어서 놓고 기다리고 있어."

기태의 말에 우리는 당연한 듯이 대답을 하고 물골 쪽으로 양동이를 옮긴 후에 대충 씻어 놓았다.

그런데 기태가 돌아올 시간이 한참 지났는데도 오질 않는다.

뭐가 잘못됐지? 아버지한테 잡힌 거 아녀.

별 상상을 다 하려던 순간, 기찻길 건너 멀리 동네 쪽에 기태 모습이 보인다, 다행이다. 그런데 멀리서 뛰어오는 기태 손에 무언가가 들려 있다.

잠시 후 헉헉거리며 기태가 도착했고 어디서 구했는지 비료 포대보다는 얇고 부드러운 비니루봉지 큰 것과 노란 애기 기저구 고무줄을 내려놓는다.

"야, 이거 찾아오느라고 한참 걸렸다. 퇴미고개까지는 비포장길인데 많이 흔들려서 쏟으면 큰일 아니냐. 그래서 내가 머리를 좀 굴렸다."

기태의 말이 약간 으스댄다는 느낌으로 나한테 다가왔지만 그래도 맞는 말이기는 했다.

기태는 양동이 손잡이만 피해서 비니루봉지를 씌우고 고무줄로 묶어서 물도 흘리지 않고 쏟아질 염려도 없이 아주 완벽하게 준비를 마쳤다. 나는 또 생각했다 으스댈 만했다고.

우리 셋은 돌아가며 둘씩 짝을 지어서 양쪽 철사 손잡이를 잡고 버스 타는 데까지 왔다.

한참을 기다리고서야 도착한 15번 버스를 탔고 덜컹덜컹 흔들리는 버스 안에서 미꾸라지 통에 온통 신경이 쓰였지만, 워낙 단단하고 야무지게 잘 묶어서 그런지 비포장길을 벗어날 때까지 큰 문제가 없었다.

기태가 안내양 누나에게 중앙시장에 내려 달라고 미리부터 여러 번 얘기해 놔서 별문제 없이 중앙시장이라는 곳에 무사히 도착했다.

키가 제일 큰 기태는 버스에 내려서도 아줌마들에게 물어 가며 미꾸라지 장사가 있는 곳을 잘 찾았고 대식이와 나는 미꾸라지 통을 들고 그 뒤를 따라다니기만 했다.

중앙시장 미꾸라지 팔 곳.

이곳엔 가물치도 있고 메기도 웅어도 있었고 민물고기는 없는 게 없어 보인다. 기태는 이곳에서도 한 치의 망설임도 없이 미꾸라지가 잔뜩 담겨 있는 큰 통 옆에 앉아 있는 아줌마에게로 간다.

"아줌마, 미꾸라지 잡아 왔는데 사세요."

우리는 어른같이 말하는 기태가 내심 든든했다.

"어디서 잡은 거냐?"

아줌마가 묻는다.

"우리 동네 부대 옆 물 논에서요."

"부대 옆이면 거기 기름 같은 거 있고 더러운 물 아니냐."

"아녀요, 그 논은 산에서 내려오는 물도 많구요, 부대에서 나오는 물 하고는 완전히 반대쪽에 있어요."

기태가 약간 당황한 듯 목소리가 커졌지만, 할 말은 사실대로 다 말한다.

아줌마는 잠시 생각하는 듯하더니 말했다.

"250원 줄게, 어떠냐? 그 정도면 잘 쳐주는 거다."

순간 우리는 깜짝 놀랐다. 250원이면~ 우리는 그만큼의 돈을 자주 보지도 못했고 만져 본 적은 한 번도 없었다. 우리는 기태 얼굴만 바라봤다.

기태도 약간은 놀랜 듯했지만 "그래요, 그렇게 주세요." 하고는 돈을 받았고, 미꾸라지를 다른 큰 통에 따로 쏟아 놓은 아줌마는 통을 돌려주며 "조심해서 잘 가라." 하신다.

대식이와 나는 기태를 가운데 두고 양쪽에서 걸었다.

어른들 말에, 시내에 가면 쓰리꾼(소매치기)들 조심해야 한다는 말이 언뜻, 내 머릿속에 떠올랐기 때문이었다.

이제야 꼬르륵… 배고픔이 밀려온다. 여기저기 물어 짜장면집을 찾았고 그 이상하고 구수하고 어떻게 말로 표현할 수 없는, 지금도 잊을 수 없는 맛있는 냄새를 맡아 봤다.

그렇게 우리는 들어만 봤지 단 한 번도 먹어 보지 못한 짜장면을 앞앞이 한 그릇씩, 어느 누구의 간섭도 받지 않으며 맛나게 먹을 수 있었다.

우리는 빙수도 사 먹었고 도나스도 사 먹었지만, 돈은 아직도 많이 남았다. 그 후로 우리 셋은 남은 돈을 쓰는 데 한참 걸렸던 것 같다.

6학년 3반 교실 종례 시간.

담임 선생님께서 외투까지 벗어 놓고는 하얀 와이셔츠 소매를 걷어 올리시고 노발대발 화가 말로 할 수 없을 만큼 많이 나 계셨다.

책상 위엔 모두 무릎을 꿇고 앉아 벌서고 있다.

"사슴뿔 부러트린 놈 누구야! 우리 반 중에서 부러트렸다는 것을 다 듣고 왔어, 모두 눈 감아!"

담임 선생님께서는 크게 숨을 한 번 내쉬시고서,

"사슴뿔 부러트린 녀석이나 본 녀석은 그 자리에서 손만 들어."

하시지만 아무도 손을 드는 사람은 없었다. 잠시 정적이 흐르고 난 뒤 화가 머리끝까지 나신 선생님께서 다시 말씀하신다.

"마지막으로 한 번만 더 기회를 준다. 사슴뿔 부러트린 놈 손 들어."

역시나 아무도 손드는 사람이 없다.

"그래, 좋다. 너희 끝까지 버티겠다 이거지, 오늘은 종례 없고 집에 못 간다."

하시고는 그대로 출입문을 열고 나가신다.

"얌마, 김태호. 너 땜에 우리 집에 못 가잖어. 빨리 자수해."

우리 반에서 제일 키가 크고 덩치 좋은 상묵이가 뭐라 한다. 하지만 태호는 그럴 생각이 없다.

"싫어, 인마. 그랬다가 집에 얘기하면 나 쫓겨나, 이 새끼야."

여기저기서 웅성웅성하는 사이 앞 출입문이 드르륵 하고 다시 열리면서 선생님께서 들어오셨고 다시 조용해진다.

"다시 눈 감아, 정말로 마지막으로 기회를 준다. 사슴뿔 부러트린 놈 손들어."

그런데 손이 두 명이나 올라간다, 태호와 상묵이다.

조각상 쪽으로 조예가 깊으신 담임 선생님께서 우리 학교에 새로 부임하시고 우리 반 담임을 맡으시면서 학교 화단에 이런저런 조각상들을 만드셨는데 사슴은 그중에서도 가장 크고 멋지게 만드신 특별한 것이었다, 그런데 태호가 그 사슴 등에 올라가 뿔을 잡고 말 달리듯 놀다가 한쪽 뿔을 부러트렸던 것이다, 선생님께서 얼마나 화가 나셨겠는가.

"전체 책상에서 내려와."

아고고고~ 아우 저려, 우당탕탕… 모두 의자에 내려앉았고 다시 조용해진다, 선생님께서는 청소 몇 분단인가 물어보시고는 "반장한테 검사 맡고 집에 가."란 말과 함께 종례를 마쳤다.

"김태호, 임상묵 교무실로 와!"

다음 날 아침, 태호가 다리를 절뚝거리면서 학교에 왔지만, 다른 아이들은 힐끔힐끔 쳐다만 볼 뿐 별말이 없었고 그 사건은 그렇게 마무리가 됐다.

그리고 나의 어린 시절도 이렇게~ 저렇게~ 지나갔다.

완고한 아버지,
그 뜻에 짜이듯 맞춰진 장남의 길

아버지는 지금까지도 결코 평범하게 두고 보지는 않았지만, 중학생이 된 나를 더 이상 자유롭게 놓아두질 않았다.

지난 국민학교 시절, 나는 어린 나이라지만 많은 우여곡절이 있었고 특히 성적통지표를 받아 오던 날의 기억은 지금 이 순간도… 싫다! 성적이 오르든 내리든 관계없이 1등을 하지 못하는 한 통과의례처럼 치러야 하는 매타작!

한 주먹이나 되는 회초리가 전부 부러질 때까지 맞아야 했다. 저학년 때는 아래 바지를 팬티까지 전부 벗고 퇴침에 올라 떨어지면 그냥 두지 않을 거라는 협박? 인지 겁박? 인지 모를 말에 그 아픔을 참으면서 안 떨어지려 했고, 고학년인 5~6학년 때는 팬티만 입혀 놓고 굵기가 말도 못 하게 굵어진 회초리를 엄마의 전용인 재봉틀 의자 위에 올라가 떨어지지 않으려 안간힘으로 버텨 가며 맞아야 했던 공포. 그런 아픈 기억만이 내 머릿속에는 남아 있을 뿐이었다.

"너는 이 집의 장남이고 우리 가족을 이끌어 가야 할 기둥이다. 고로 너는 공부를 잘해야 하고 장남이 해야 할 모든 것을 다 해야 한다."

아버지의 변함없는 신념이라고 표현해도 될 정도의 가치관이었다.

교복을 입게 돼서 갑자기 어른이 된 것 같은 생각으로 중학생이 됐지만, 이제는 아버지 눈치를 더 살피며 놀아야 하는 나는… 중학생이 된 것으로 마냥 즐겁지만은 않았다.

지금도 알 만한 큰 회사에 다녔던 아버지의 퇴근 시간엔 여지없이 집에 책을 펴 놓고 공부를 하고 있어야 했다.

그 당시에는 자치기, 깡통차기, 오징어가상(게임), 비석치기, 말뚝박기… 등등 밖에서 뛰어놀 거리가 얼마나 많았던가.

항상 아버지의 기에 눌려 사셔야 했고, 이제는 성적표 가져오는 날뿐 아니라 거의 매일 몸뚱이에 회초리 자국이 가실 날이 없을 정도로 맞고 사는 큰아들 왕성을 안타깝게 바라만 보아야 하는 엄마는… 왕성이 밖으로 나가 놀 때마다 매번 당부하셨다.

"아버지 퇴근 시간 전에는 들어와야 한다."

하지만 친구들과 어울려 정신없이 놀다 보면 어디 그런가? 그것을 지키지 못할 때가 많았다.

내가 밖에서 놀고 있는 날엔 아버지는 퇴근하면서 집보다는 논둑길로 먼저 향한다. 아버지에게 끌려 집으로 가는 길에도, 아니 그때까지만 해도 나는… 마음속으로라도, 아버지가 나에게 하는 이러한 모든 일에 대해서 원망을 한 적이 한 번도 없었다. 다만 아버지가 무서울 뿐이었다.

아들자식이 많이 배우고 잘되기를 바라는 부모의 원초적이고 본능적인, 자식 사랑으로서의 아버지를 단 한 번도 의심하지 않았기 때문이었다.

물론 아버지의 이기적 욕심이라는 것을 알고 난 다음은 달랐지만 말이다.

"왕성아 니덜 아부지 오신다."

기태의 말이 끝나기가 무섭게 나는 아버지 손에 귀때기를 잡혀 끌려가기 시작했다.

"아부지, 잘못했어요. 아~ 아~"

"이놈아, 학교 끝나면 집에 와서 책 펴 놓고 공부하라니까 책가방 던져 놓고 틈만 나면 나가 놀기만 해!"

아버지 퇴근 시간 전엔 집에 와서 공부해야 한다고 신신당부하시던 엄마 얘기를 까마득히 잊고, 노는 데 정신이 팔린 나는 아버지 퇴근 시간은 물론이고 아버지가 옆에 올 때까지도 모르고 친구들과 노느라 정신이 없던 것이다.

귀때기를 잡혀 논두렁 사이를 질질 끌려 집으로 가는 나를 보고 있던 친구들은, 놀던 동작을 멈추고 조용해졌지만 내가 집에 미처 도착하기도 전에 이미 익숙한 듯 다시금 떠들썩 언제 그런 일이 있었냐, 하고 놀기에 바빴다.

수시로 반복되던 일이었지만, 아버지에게 잡혀 왔던 그 어느 날….
그날은 아버지가 안 좋은 일이 많았었는지 많이 맞았다. 엄청나게 많이 맞았다. 그러고는 그 방에서 그대로 쓰러져 잠들었던 적이 있었다.

"이 녀석 일찍 들어오라니까, 쯧쯧….

애를 냇가로 산으로 데리고 다니고서 노는 것만 가르치고는 공부를 잘하라고 하루가 멀다 하고 애를 잡으니 어쩌자는 말여, 정말!"

엄마가 원망 같은 푸념을 혼잣말로 하시며 왕성의 회초리 맞은 자리에 안티푸라민을 발라 주고 계셨다.

나는 순간적으로 잠에서 깼지만, 잠을 깬 기척을 할 수가 없었고 일어날 수도 없었다.

한두 번 맞은 것도 아니고 애달파하시는 엄마의 모습을 한두 번 본 것도 아니기에 엎드린 채 입술을 깨물고 속으로 울기만 했다. 엄마를 또 더 아프게 할 수는 없었다.

엄마도 물론 다 아셨을 것이다, 엄마의 자식인데… 이 녀석이… 잠을 깬 것을 모르셨겠는가.

나와 같은 마음으로 "잠 깼느냐."라는 말을 차마 하지 못하시고 바삐 마무리하고 나가셨던 것 같았고….

그래도 나는 엄마의 따스한 사랑을 느끼면서 스르르르…… 다시 잠이 들었다.

장남이라는 현실만으로 나는 어렸을 적부터 아버지 인생의 대리 완성자? 아버지의 전유물, 그런 것의 당사자였다.

적어도 내 생각은 그랬다.

어느 정도 생각할 나이가 되어서부터 느낀 것이지만 말이다.

나의 아버지는 가부장적이고 권위적인 고지식하고 고집 센 전형적인 그 시대의 아버지였던 사람이었다.

나는 아버지의 못다 한 공부를 대신해 주어야 하는 대상이었고, 아버지가 이루지 못한 이상과 꿈을 대신 이뤄 줘야 하는 사람, 그 이상도 이하도 아니었다.

"너는 이 집안의 장남이고 우리 가족을 이끌어 가야 할 기둥이다. 그러니 너는 공부를 잘해야 하고, 훌륭한 인간이 되는 것만을 생각해라."

조상들의 제사를 모시고 잘 받들어야 하는 당사자였고, 미래에 펼쳐질 모든 경쟁에서 1등이어야 하는 존재였던 것이다.

그런데 어쩌랴….

아버지의 바람과는 정반대로 나는 들로 산으로 냇가로 뛰어다니며 노는 것이 더 좋은, 그냥 평범한 한 어린아이였을 뿐인 걸….

하지만 완고한 아버지 생각은 그런 것과는 전혀 관계없었고, 나의 생각도 물론 안중에 없었다.

오로지 공부 잘하고, 예의 바르고, 능력 있는 인간이 되기를 바랄 뿐이었다.

욕심 많고 당신 자신만이 우선이고 고집불통인 아버지를 아는 것, 그리고 자신을 대신해 아들인 나를 그런 존재로 만드는 것이 아버지의 인생 목표인 것 같다는 생각을, 내가 하는 데는 결코 오래 걸리지 않았다.

아버지는 나를 데리고 냇가에 민물고기, 다슬기 잡으러 다니고, 버스 길도 없는 첩첩산중 시골 산에 버섯 따고 밤, 도토리 주우러 다녔으며, 조상님 모시는 일이 가장 중요한 일이니 어릴 적부터 잘 배워야 한다고 국민학교 입학도 하지 않은 어린 나를 데리고 냇가 건너고 산 고개 고개를 넘어 어른들도 다니기 힘든 곳으로 벌초하러 데리고 다녔다. 아버지는 본인이 하고자 하는 일은 어떤, 무슨 방법을 써서라도 하고야 마는 사람이었다.

나에게는 오로지 "공부만 잘해라. 잘해라." 하면서, 공부하는 데는 아무런 도움이 되지 않고 오히려 지장만 줄 수 있는 일들을, 당신 자신의 목적을 위해서라면 물불, 앞뒤 가리지 않고 시켜 온 사람이었다.

참으로 이율배반적이지 않는가.

나의 아버지는 내가 어렸을 때부터 지금까지 그런 사람이었다.

아버지와의 갈등
그리고 엄마에게 못다 함의 후회

오늘은 증조할아버지의 제삿날이다.

여느 때와 마찬가지로 엄마는 어제 시장 봐 오신 제사에 쓰일 음식 재료들을 챙겨서 머리에 이고 손에 들고 큰집을 향해 길을 재촉하신다.

나 왕성도 손에 보따리 하나를 들고 그 뒤를 따라 걷는다.

겨울 방학이지만 워낙 추운 날씨여서 들판엔 애들이 한 명도 보이질 않는다. 손을 바꿔 가며 한 시간 정도는 걸었을까? 천근 큰집 동네에 다다르자,

"왕성아 얼른 뛰어가서 큰엄마께 왔다고 말해."

엄마가 말을 끝내기도 전에 나는 큰집 쪽으로 달리기 시작했고 큰엄마께 "큰엄마, 안녕하세요." 하고 인사를 했다.

"그래, 왕성이 왔구나."

하시며 큰엄마는 엄마를 맞아 뛰어가시고선 이내 짐을 받아 들고 오신다. 나에게는 별로 낯설지 않게 벌어지는 일이었다.

사촌 형들 누나 동생들 모두 여기저기서 얼굴이 보인다, 그런데 큰

아버지께서 방에서 나오시질 않는다. 많이 편찮으시단다.
　절을 하려는 내게, 편찮으셔서 누워 계시니까 절하는 것 아니라는 큰엄마 말씀에 나는 인사만 꾸벅, 하고는 형들 동생들과 서로 반갑게 인사를 했다.
　아버지께서 저녁 어스름 무렵에 도착하셨고 자정쯤 해서 제사를 지냈다. 이제는 또 집으로 가야 한다, 집이 작고 방도 없어 잠잘 곳이 없다. 제삿밥을 먹고는 이것저것 대충 챙겨서 다시 우리 집으로 향한다. 불빛 하나 없는 깜깜한 길이었지만 아버지가 앞장을 서시고 엄마랑 우리 셋은 익숙하게 걸음을 재촉한다. 밤이 깊어서 아까보다 훨씬 춥기는 했지만, 별문제는 없었다.
　통금. 통행금지가 있던 시절이기에 방범대원, 군부대 위병소를 통과하는 절차가 남아 있긴 하지만 어린 내 생각에도 별걱정은 없었다.
　"제사 지내고 옵니다."라는 아버지의 말에, "예, 빨리 가세요."라는 대답이 돌아온다.
　제사 지냈다면 무사통과다. 부대도 지나고 철둑길 넘어 집에 도착했다.
　열흘 정도 지났을까, 큰아버지께서 위독하시다는 연락이 왔고, 사흘 후엔가 큰아버지가 돌아가셨다.

　큰아버지가 별세하시고 두 해가 지난 어느 날, 아버지 엄마가 나를 불러 앉혀 놓으시고 엄마가 말을 꺼내신다.
　"왕성아, 큰아버지가 세상 떠나시고 큰집에서 제사를 계속 모시는 것이 불가능해서 우리 집으로 모든 제사를 모셔 오려 하는데 네 생각은 어떠냐?"

나는 그냥 별다른 생각 없이,

"그래요, 엄마." (역시 어린애 같은 대답이었다.)

엄마는 다시 말씀하신다.

"지금 제사를 모셔 오고 나면 니 사촌 형들이 있다지만 나중에 아버지 돌아가신 후에 다시 큰집으로 모실 수는 없는 일이란다. 그래서 네 생각이 중요한 것 같아 묻는다는 것이었다."

아버지는 역시나 독선적이고 외골수인 특유의 성격으로 무작정 모셔 온다는 생각이었지만, 엄마는 다른 생각이란 느낌을 받았다.

내가 나중에 가정을 이루고 장손도 아닌 입장에서 모든 제사를 모신다면 쉽지 않은 상황이 만들어질 수도 있고, 그로 인해 많이 힘들어질 수도 있다는, 먼 앞날까지 걱정해 주시는 엄마 마음을 나이 어린 입장이었지만 충분히 알 수가 있었다.

엄마가 이런저런 얘기를 끝내셨고, 나는 주저하지 않고 대답했다.

"그렇게 해요, 엄마."

나는 그냥 아무렇지도 않았다. 아니, 당연하다는 생각이 많았던 것 같다.

다시금 확인하는 내 대답을 들으신 엄마는 어쩌면 단호하고 차분하게 말씀하셨다.

"나중에 아버지, 엄마 원망해서는 안 된다. 네가 결정한 것이니까?!"

엄마가 새삼 다른 사람 같다는 생각이 처음으로 들었다.

나는 그렇게 남들이 겪어 보지 못한 특별한 유년기를 보내고, 청소년 사춘기와 반항기를 동시에 맞았다.

이를 증명이라도 하듯, 썩 좋았다고 할 수는 없던 성적이었지만, 나는 공부하는 것하고는 의도적으로 담을 쌓아 버렸고 성적은 완전히 추락해 버렸다.

그러면서 방황하기 시작했지만, 마음속의 다짐을 잊지는 않았다.

'나는 나중에 결혼하고 자식이 생기면 공부하라는 소리를 단 한마디도 하지 않을 것이다.'라는 다짐을 말이다. 얼마나 가슴 아프고 안타까운 일이던가.

그런 나는 아버지와 사사건건 대립하기 시작했다.

아버지와 부딪치는 시간은 늘어만 갔고…

그런 모습을 지켜볼 수밖에 없는 엄마는 늙어만 가시고…

가슴 아파하셨던 엄마를 봐야 했던 나는 엄마께의 미안함 때문에 더욱더 밖으로만 돌았고…

아버지에 대한 원망이 하늘을 찔렀다….

더 솔직히 말하면 그 당시에는 복수심까지 들 정도였었다. 엄마에게는 모진 일이었지만 내가 삐뚤게 나갈수록 그 화살, 아버지의 분풀이는 고스란히 엄마에게로 돌아갔다.

그렇게 고등학교를 겨우겨우 졸업했고 입영 신체검사를 받았다. 신체등위 3급이었다. 학력 고졸에 신체등위 3급이면 방위소집 대상

자였다.

안 되겠다, 군대를 가야겠다. 사회 도피의 심정이었을까? 가고 싶었다.

다시 병무청을 찾았다. 해병대 지원, 공수부대 지원, 역시나 신체등위와 마찬가지로 키가 문제였다. 지금으로선 키가 더 자라지 않는 이상 지원이 불가능했다.

그런데 현역병은 갈 수 있는 방법이 있었다. 학력 대학교 재학 이상이면 3급 신체등위도 현역엘 갈 수 있단다.

전문대라도 일단 들어가고 보자. 그리고 군대를 갔다 오고 보자.

그렇게 나는 수능을 보고 전문대를 입학, 군대를 갈 수 있게 됐다.

나는 그해 6월 현역 입대 영장을 받았다.

입영하는 날 논산 훈련소.

나는 신체검사를 받을 때는 물론이었지만, 영장을 받아 놓았을 당시에도 '군대 그까짓 것' 하는 생각으로 지내 왔었다.

그러나 입대 당일.

전날 마신 알코올 탓에 머리는 어질어질했지만, 막상 훈련소 가는 날의 긴장감은 굉장한 압박감으로 작용했다.

입영 문 앞.

동네 친구, 선후배, 엄마, 누나들, 열 명은 넘어 보인다.

그런데 문 안으로 들어가려는 순간 엄마 얼굴밖에 보이질 않는다.

"왕성아, 엄마는 우리 아들을 나라에 보낸다 생각하고 자랑스럽게 웃으면서 지낼 거야. 엄마 걱정하지 말고 너만 생각하고 건강하게 군대 가서 잘 살아라."

엄마 목소리엔 힘이 들어가 있는 것처럼 들렸지만, 눈에는 한가득 고였던 눈물을 나는 애써 외면하고 돌아서야만 했다.

"예, 엄마. 잘 갔다 올게요."

나는 더 이상 말을 꺼내면 눈물이 터질 것 같아 어금니를 꽉 물고 뒤돌아서, 몇 걸음 걸은 뒤 다른 애들 틈에 섞여 뛰기 시작했다.

엄마를 한번 꼭 안아 드릴걸. 곧바로 후회하면서 말이다.

지금, 이 순간에도 한없이 후회스럽다는 생각에 뭉클한 덩어리 하나가 가슴 한쪽에서 복받친다.

그때 엄마를 꼭 안아 드리지 못한 것은, 내 인생의 첫 번째 후회되는 일이었다.

내 아들, 딸을 포함한 이 시대의 젊은 자식들아, 엄마를 안아 드려라. 그때의 나같이 표현 못 하는 성격일지라도, 가끔 한 번씩, 술의 힘을 빌려서 술 취한 척이라도, 아무 말 안 해도 좋으니 그 건강한 힘으로 아주 꽉! 안아 드리라고 말하고 싶다. 그래야 후회하지 않는다고······.

1980년대 후반 어느 해 겨울.

거리엔 크리스마스 캐럴과 함께 시끌벅적 형형색색의 간판 네온사인….

즐거워 보이기만 하는 사람들의 표정들이다.

무엇부터 해야 하나, 입대 전과는 너무도 많이 바뀐 현실이 아닌가. 군대는 마쳤고 이제는 뒤늦게라도 공부를 하고 싶은데 기초도 너무 부족하고 단 한 가지도 조건이 갖춰지질 않았다. 공부에 대한 미련이 좀 남기는 하지만, 다음에 기회가 오면 하는 것으로 마음 정리를 하고 나니 조금 홀가분해진다.

직장에 들어가야 하나? 장사인가 사업인가는 모르겠지만 뭔가를 해 볼까?

어떤 날엔가는 하룻밤에도 수없이 취업을 하고 사업도 해 보기를 반복하니 이제 생각하는 것조차도 스트레스다. 성격 탓이겠지.

친구들 좀 만나고 좀 느긋하게 연말도 즐기고 술도 좀 마셔 보고, 그래도 될 것 같은데 성격 탓이다. 완벽하지도 못하면서 완벽하고자 하는 성격 탓!

왜 이리 마음이 조급하지?

그런 고민을 해 봤더니 답이 나온다. 아무것도 없구나. 자본금도 실력도 아무것도….

그렇다면 아버지께 사업자금 얘기나 해 볼까? 자존심이 허락지 않는다. 돌아보면 '부자지간에 웬 자존심?' 하고 생각되지만 지난 성장 과정의 결과물인 것 같았다.

나는 나중에 커서 가정을 이루면 내 자식에게는 공부하란 말을 단

한 번도 하지 않으리라. 나는 아버지 돌아가실 때까지 천 원짜리 한 장 받아 쓰지 않을 것이다…. 수없이 되뇌지 않았던가.

그래, 맨몸으로라도 해 보자. 3년 전 육군훈련소 입대하는 훈련병의 각오로 임한다면 못할 것이 없지 않겠는가, 그렇게 시작한 사회생활 첫 출발이었지만 세상은 그렇게 호락호락하지 않았고, 나 왕성은 집을 겉돌며 평탄치 않은 근로의 의무를 다하고 있었다.

삐삐 삐삐.
아파트 모델하우스 현장에서 일하고 있는 내 삐삐가 울리고 잠시 후,
"여보세요. 삐삐한 사람요."
"형, 나여 대성이."
수화기 너머로 동생 목소리다.
"그래, 웬일이냐? 잘 지내지!"
"형, 집에 자주 좀 들러요, 엄마가 걱정이 많아요."
엄마란 말에 잠시 마음이 먹먹해진다.
"다름 아니고 빠른 시간에 나 좀 한번 봐요. 상의할 일이 있어요."
"음~ 그럼 아주 이번 주말쯤에 집에서 보자. 어떠냐."
"그래요, 형."

"엄마 저 왔어요."
현관문에 들어서며 엄마를 바라보며 인사한다.
"그래, 왔구나. 밥은 먹었냐?"

"아직요."

나 왕성은 항상 엄마한테 면목이 없지만 죄송하단 말을 살갑게 하지 못하는 자신이 안타깝기만 했다.

급하게 저녁상을 차린 엄마와 셋이다. 아버지는 아직 출타 중이었고 나는 아버지의 안부를 묻지 않았다.

"형, 우리 회사에 일용직 자리가 있는데 이력서 한번 넣어 봐요. 기회가 맞으면 1~2년 안에 정규직도 가능해요. 이제는 안정되게 직장 생활 합시다. 집도 엄마도 생각해야지요."

"그래 왕성아, 밖으로만 돌지 말고 직장에 갈 수 있으면 이제 마음 편하게 그렇게 하자."

엄마가 목소리를 높여 말씀하신다.

하지만 나는 예상치 못한 제안에 생각이 복잡해진다, 지금 시작한 현장도 그렇고 직장 생활을 한다는 자체도 선뜻 내키질 않고….

그렇지만 안정을 찾아야 하나?

시간을 좀 갖고 생각하자 하고 마음먹었었지만, 대성이와의 저녁 밥상은 소주 몇 잔을 기울이며 내가 직장에 가는 것으로 마무리됐다.

첫 출근이다.

군대 따블빽 메고 자대배치 받을 때보다 더 긴장된다. 왜 이리 떨리지, 이까짓 게 뭐라고? 그렇게 맘을 고쳐먹길 반복하고, 이곳저곳 이 사람 저 사람 인사하러 다니며 정신없고 쉽지 않은 직장 생활이 시작됐다.

물론 동생인 대성이가 있으니까 무언지 모르게 안정감은 있지만 그래도 굉장히 부담스러운 조직의 직장 생활이었다. 그렇지만 나는 무난하게 적응하기 시작했고, 어느덧 직장 생활을 한 지 1년이 넘게 지난 어느 날, 엄마가 말씀하셨다.

"왕성아, 선이 들어왔는데 한번 봐라. 착하단다."

그렇지 않아도 장남이고 부모님, 특히 엄마를 조금이라도 편하게 모시려면 결혼을 서둘러 해야 한다는 생각을 항상 갖고 있던 나는, 마지 못하는 척 "알았어요." 했다.

장미 다방.
누구의 소개였는지, 어떤 사람인지 생각 안 하고 만났다.
"안녕하세요."
많은 변화가 있었지만 그래도 소심한 성격이었던 나는 마음의 준비를 한 대로 자연스러운 척 인사를 했지만, 속으로는 너무나도 떨리고 긴장하고 있었다.

그런데 내 눈에 들어온 아가씨는 말 그대로 '착함'이 얼굴에 그대로 쓰여 있는 인상이었다.

인연이었을까?
"저는 장남이어서 결혼하면 부모님을 모시고 살아야 하는데 그러실 수 있으세요?"

나의 첫마디였다. 아무리 마음속에 준비하고 있던 말이었지만 아무런 거리낌 없이 말해 버린 것이었다.

그런데 상대 아가씨 또한 그리 길지 않게 생각하더니 대답했다.
"그럼요, 당연하지요."
많은 말도 아니었고 자연스럽지도 않은 대답이었지만 나는 진심을 느낄 수 있었다.

그렇게 하늘이 맺어 준 인연으로 나, 왕성은 마침내 나이 서른을 넘기지 않고 결혼에 골인했고 백 점 만점에 200점이라는, 딸 다음 아들을 둔 행복한 가정을 이루었다.

아니 이룬 듯해 보였다. 이제 부모님께, 특히 엄마에게 효도를 조금은 한 것 같고 앞으로 많은 효도할 일을 만들어야겠다는 마음이었으니까.

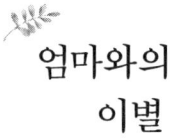
엄마와의 이별

하늘이 무너진다는 것이 무엇인지를 머리로 느끼게 해 준, 당해 보지 않으면 알 수 없는 무서움, 무기력, 아픔. 뭐라 표현할 수 없는 일이 나에게 닥쳤다.
아~~ 아~~ 다시 생각하고 싶지 않고, 떠올리고 싶지 않은데…….

"엄마, 오늘은 병원에 한번 가 보자."
어지간히 아프셔선 아픈 내색조차 없으셨던 엄마가 요즘엔 부쩍 머리 아프단 얘기를 많이 하셨고, 나는 그런 엄마를 병원에 한번 모시고 가야겠다 마음먹었다.
"오늘 우리 회사에서 체육대회를 하니까 출근만 했다가 다시 올 테니까 준비하고 계세요."
나는 괜찮으시겠지 생각하면서도 마음 한쪽엔 불안한 마음이 생긴다.
애들 엄마에게, 엄마 병원에 가실 준비 잘해 놓고 있으란 말을 남기고, 일단 체육대회장으로 직접 출근을 했다. 대충 얼굴을 비치고 집에 와서는 엄마를 모시고 대전대학교 한방병원에 도착했다.

"엄마, 여기 대전대학교 한방병원 들어 봤지? 엄마는 혈압 땜에 그럴 거여. 진찰받아 보구 약 먹으면 괜찮을 거여."

불안해하시는 엄마를 최대한 안심시켜 드리고 진찰실, CT를 찍어 보고 몇 가지 검사를 해 봐야 할 것 같다는 병원 교수님의 말에 나는 입이 바싹바싹 마르기 시작했다. 느낌이 좋지 않다.

얼마나 시간이 지났을까, 엄마에게 다시금 별것 아니라는 안심을 시켜 드리고 진찰실에 나 혼자 들어갔다.

"모든 검사 결과 뇌종양입니다. 악성인지 여부는 조직검사 후에…."

나는 그 자리에 털썩 주저앉았다. 억… 억… 구역질을 하는데, 아무것도 나오질 않는다.

하늘이 무너지는 게 이런 거구나.

어떻게 나에게 이런 일이 있을 수가 있단 말인가, 이제는 어떻게 해야 할지 머릿속이 하얗고 무섭다.

엄마한테는 무어라, 어떻게 말해야 하나.

머리를 뒤흔들고 정신을 가다듬었다. 아무 생각도 나질 않지만, 우선은 혈압 때문에 상태가 좀 심하다, 정도로 말해야 맞을 것 같았다, 그다음은 다시 생각하자.

"엄마, 혈압이 안 좋아져서 좀 큰 치료를 받아야 된대. 어쩌면 수술을 해야 할지도 모르겠대."

나중에 해야 할 것 같은 수술을 생각했다.

"오늘은 우선 아프지 않게 약 지어 주면 먹고 일단 집으로 가자."

"그렇구나, 얼마나… 많이 안 좋대?"

엄마의 얼굴이 약간 상기되어 보인다.

"그렇긴 한데 치료하면 괜찮을 거래. 크게 걱정 안 해도 돼."

나는 어떤 말을 어떻게 했는지 머릿속의 생각은 없고 입만 주저리주저리 하고 있었다.

충남대 병원에서의 1차 수술, 환자한테는 어떤 것이라도 할 수 있는 것은 다 해 볼 수밖에 없는 처지에서, 그 당시에는 중국에서 귀하게 존재한다는 신비의 치료제라고 하는 상황버섯을 찾으러, 거의 가능성 없다는 양방 치료지만 포기하지 못하고, 중국의 한방 치료병원을 찾아 중국에 다녀왔다.

그 이후 김포공항 출국 게이트. 나는 길게 줄 서 있는 사람들에게 다가간다.

"이것 좀, 북경 공항에 내리면 우리 교포가 여기 겉표지에 적힌 이름으로 종이 피켓을 들고나올 겁니다. 전해 주세요. 부탁합니다."

"그것이 뭔지 알고 전해 줍니까? 혹시 마약이라도 되면 큰일 나는 것 아닙니까."

"아닙니다, 믿어 주세요…. 치료 CT 사진입니다."

사람들이 야속했지만 절실했기에, 나는 포기하지 못한다.

다들 외면하지만 어렵게 어렵게 보내 줄 사람을 고맙게도 찾고 나면, 나는 기적이 일어날 거라는 희망의 끈을 붙들 힘을, 매번 내 본다.

엄마를 모시고 가지 못할 처지이기에, 중국의 국립 한방병원의 약으로만의 치료라도 해 보려고, 나는 엄마의 병소 상태 확인을 위해 공항을 통해 CT 사진을 주기적으로 보내 주고 바뀌는 치료약을 공항을 통해 또 받고 했었던 것이다.

그러나 하늘도 무심하게 엄마는 또 재발하셨고, 서울 삼성의료원에서 2차 수술을 받으셨다.

내 말을 믿으시며 병명을 끝까지 모르셨기에 이런 힘든 치료들을 받을 힘을 내셨을 것이라는, 스스로의 위안을 해 보지만, 그것마저도 나는 후회스럽다.

많은 기억을 떠올리기 싫은 삶이었기에, 이 정도로 정리해야겠다.

그렇게 엄마, 나의 어머니는 떠나셨습니다.

그, 천하에 원망스러운 몹쓸 병을 끝내 알지도 못하시고 떠나셨고, 아무것도 할 수 없었던 무능한 아들인 나는 끝내 혈압의 위중함으로만 엄마를 속여야 했습니다.

어머니의 삶을 정리할 시간을 드려야 하나 아니면 그나마 짧은 시간이겠지만 죽음의 공포로부터 무섭지 않은 삶을 살게 해 드려야 하나 많은 갈등을 했지만, 뒤엣것을 택했습니다.

어떤 선택도 후회하지 않을 수 없지만….

어디 의지할 가족 친지 없이 혈혈단신 살아오신 순박하고 가여우신 우리 엄마.

도저히 알릴 수가 없었습니다.

나는 스스로 생각합니다. 나를 정말 많이, 아니 전부를 믿으셨구나. 정말로 나를 의지하셨구나. 치료하는 1년여의 모든 날들에 어떻게 내가 하는 모든 말을 그렇게 의심하지 않으셨을까.

아님 이미 알고 계셨지만 나를 생각해서 모르는 척, 하셨을지도….

그래서 더 마음이 아픕니다.

지금쯤은 아버지와 저세상에서 평안하게 지내시리라 믿고 있는 제가, 가슴속에 복받치는 서러움에 눈물이 한없이 흐르지만 어머니께 정말로 처음이자 마지막으로 말할게요.

나, 태어나게 해 주시고 사랑 많이 주며 키워 주셔서 고마워요.

엄마의 1년여 마지막 여생은 제가 잘 정리해서 보내 드린 거야. 괜찮지? 알고 있지?

잘했다고 해 줘. 그리고 나도 엄마 많이 사랑해.

감자꽃
　　사랑

그 밭이 아직도 있을까.

도로변인데 다른 무언가가 들어서지는 않았을까? 그대로 농사를 짓고 있다면 올해도 감자를 심었을까? 그렇다면 이미 캐지는 않았을까?

연산에서 공주로 향해 달리는 승용차 안, 내 눈시울이 이미 젖어 있다.

나 스스로는 '이제는 괜찮겠지.' 했지만 엄마 생각에 설움과 그리움이 밀려온다.

옛날 말로 강산이 세 번이나 바뀌는 시간이 흘렀는데, 나 혼자만의 공간에서 낯설지 않은 울음을. 소리 내어 울어 본다. 엄마~~

"엄마 고산사 말고 계룡산 공주 쪽에 신원사 금룡암이라는 절이 있거든. 오늘은 나랑 둘이서만 갔다 올까?"

"왕성아, 그쪽에도 아는 절이 있어? 멀지는 않고!"

"응, 거기 가면 잘해 주시는 스님도 계시고 물소리, 새소리, 바람 소리, 모든 게 그렇게 좋을 수가 없어."

"그래? 그럼 갔다 오자. 조금 힘들긴 한데, 바람 쐬러 가는 게 더 좋지."

"엄마 그럼 간단하게 옷만 챙겨 입고 갔다가 점심은 절에서 절밥 먹자."

엄마는 큰아들과의 외출이, 그것도 젊은 시절 자주 가 보고 싶었지만 그러지 못했던 절에 간다는 말에 몸은 힘들지만 좋아하시는 표정이다.

"엄마, 오늘은 작은누나가 요전에 사 준 모자 쓰고 가자. 엄마가 쓰니까 엄청 예쁘더라."

나는 이것저것 서둘러 준비해서 엄마 모자까지 씌워 드리고는 집을 나섰다.

대전 시내를 벗어나 국도를 달리고 있지만, 내 머릿속엔 무엇을 하고 있는지 아무런 생각을 하지 못하겠다. 옆자리에 앉은 엄마 안색만 표시 안 나게 살피는 일, 엄마가 힘들어하시는지, 기분은 괜찮아 보이는지 오로지 이것만이 전부였다.

나는 지금 너무나도 무섭고 힘든 세상을 살고 있지만, 엄마 앞에서는 웃어야만 하고 좋은 얼굴만 보여야 하는 안타까움만 가득한, 그냥 힘없는 아들일 뿐이다. 그저 엄마에게 좋은 척 말이라도 많이 해 드리는 것밖에 내가 할 수 있는 일이 없다.

"엄마 힘들어도 밖에 나오니까 기분은 괜찮지?"

"응, 좋아."

수술 마치고 퇴원하신 지 얼마 지나지 않아 힘들어 보이시긴 하만, 아들과 함께여서 그런지 싫지 않은 표정이다.

아니, 큰아들인 왕성에게 힘든 표시 내지 말아야 한다는. 아들과 똑같은 안타까움이었는지도 모르겠다.

"엄마, 창문 열어 줄 테니까 밖에 좀 구경하세요."

나는 엄마 쪽 창문을 내려 주며 바람이 많이 들어오지 않게 속도를 줄였다.

"저 앞쪽에 감자꽃이 아주 많이 폈네. 예뻐라."

나는 속도를 더 줄여 도로 가장자리에 급하게 차를 세웠다. 엄마가 잠깐 놀라신다.

"꽃이 예쁘다."와 같은 말을 할 정도의 여유가 없었던 엄마가 "예쁜 감자꽃이다." 하시는데 그럴 만도 했다.

도로변에 길게 심어진 감자밭이 꽤나 넓었고 때마침 감자꽃이 한창 폈다.

"엄마, 잠깐 내려서 구경해 볼까?"

"그냥 앉아서 보자 힘들어." 하고 말하셨지만

"엄마 그래도 이왕 이렇게 나왔으니까 자꾸자꾸 움직여야 혈압이 빨리 낫지. 내리자."

나는 마음속으로 '엄마는 무조건 나을 수 있어.'라는 기적 같은 희망으로 늘 기도하며 살고 있었고 엄마에게 힘을 주려 하는 마음이었다.

사실 엄마는 뇌종양 4기. 의학적으로는 가망이 없는 상태이다.

하지만 나는 받아들일 수가 없고, 마음 여리고 순박하신 엄마에게 나는 이 사실을 알리지 않았다. 아니 알리지 않은 것이 아니라 알릴 수가 없다. 이런 사실을 아시면 아마 엄마는 단 하루도 사시질 못할 것 같아서이다. 오로지 기적 같은 일이 일어나길 기원하면서, 평상시 앓고 계시던 고혈압 관련된 수술이라고 엄마에게 숨기고 있는 현실이~ 아프다!

말씀을 드리고 엄마의 삶을 정리하실 시간을 드려야 하나. 어느 쪽을 택해도 나는 후회할 테지만 엄마에게 말할 수가 없다. 그 현실을 받아들이고 정리하실 만한 여력이 엄마에게는 없다는 것을, 나는 너무도 잘 알고 있기 때문이다.

"엄마, 옛날에 우리도 감자 농사지었을 때도 있었잖아. 그때는 감자꽃이 예쁜 줄 몰랐는데, 정말 예쁘다, 또 감자밭이 넓어서 더 예쁜 것 같다.

엄마, 저~ 쪽에는 자주감자꽃도 드문드문 많이 있네?"

내가 가리키는 쪽으로 진한 보라색의 자주감자꽃이 한 무더기 보였다. 엄마도 잠깐 감자꽃의 은은한 화려함에 빠진 것 같다.

나는 잠시 생각해 본다.

저 감자 줄기, 잎, 꽃, 그 푸르름, 화려함 그 아래에는 덩이덩이 알감자가 매달려 있겠지. 그리고 그 감자들 한쪽 어디엔가는 무르고 말라 버린 껍질뿐인 씨감자가 남아 있겠지.

나는 또 가슴이 먹먹해진다.

싹을 틔우고 꽃을 맺어 알감자를 매달고, 크게크게 키워 놓은 바짝 마르고 썩어 버린 씨감자같이. 자식들에게 엄마의 전부를 내어 주신 우리 엄마가.

내 곁을 떠날 수도 있을까?
나는 어금니를 지그시 물고 서둘러 엄마를 차에 태워 드리고 다시 출발했다.

스님께서 맞아 주시고 영식 형님도 와 계신다.
"길손아." 하고 스님께서 부르시자 초등학교 2~3학년쯤 돼 보이는 한 아이가 "예, 스님 할아버지." 하고 뛰어왔다. "인사드려라."라는 스님의 말씀에 아이는 "안녕하세요." 하고 합장한다.
엄마가 궁금하셨나 보다. 낮은 목소리로 묻는다.
"왕성아, 스님께서 할아버지셔?"
그 말에 나는 억지로 미소를 띠며 말했다.
"아니, 엄마. 부모가 안 계신 아인데, 스님께서 거둬 주셔서 학교도 보내 주시고 이 절에서 살아."
그제야 엄마는 "그랬구나, 쯧쯧." 하시며 얼굴엔 잠시 놀랐던 마음이 편안해진 표정이셨다.
엄마가 이마에, 팔다리에, 침을 맞으시고 잠시 누워 계신다.
밖에 나온 나는 영식 형님께 또 희망을 품고 급하게 물었다.
"형님, 어떠셔요!"
"아우님, 쉽지 않으시네. 오늘은 기력 찾으시는 침만 놓아 드렸어."
나는 하늘이 무너지는 기분을 또다시 느끼지만, 다시 또 마음을 다잡고 엄마 얼굴을 맞았다.
길지 않은 시간 침을 맞으시고 주변 경관을 둘러보시면서 마음이

감자꽃 사랑　119

편안하신가 보다.

"엄마, 구경 좀 하고 계세요. 저는 절 좀 하고 올게요."

나는 스님께서 말씀해 오신 "절에 오면 절을 많이, 잘해야 한다."라는 말씀을 되새기며 법당에서 한참 동안 절을 했다. 물론 전부가 엄마의 기적을 위한 기도였다.

"엄마, 구경 잘했어? 힘들지? 이제 집에 갈까."

"그러자, 왕성아."

스님과 영식 형님, 길손이의 배웅을 받으며 엄마와의 처음이자 마지막인 금룡암 나들이를 마치고 집을 향했다.

"엄마, 이쪽 절에 오니까 고산사하고는 다르게 계곡에 물도 많고 산도 깊고 괜찮았지?"

"응, 그래. 아주 편안하고 좋았어. 그리고 아까 그 부모 없다는 애, 불쌍해서 엄마가 갖고 있던 돈 전부 주고 왔어. 다음에 또 올 때는 집에 있는 돼지 저금통 갖고 와서 주려고."

"그래, 엄마~ 그렇게 해~"

나는 목이 메어 말을 더는 하지 못하고 엄마가 눈치챌까, 산길이라서 운전이 어려운 척 운전에만 집중하며, 마음속으로 엉엉 소리 내며 울었다.

그렇게 엄마와 나의 감자꽃 여행은 기적을 못 이뤄 내, 한 번으로 끝을 맺었다.

그 이후로 28년간, 나는 그 길을 가지 못하고 먼 길을 돌아서 다녔다.

세월은 참 빠르게 흘러, 이제는 내 나이가 벌써 엄마가 세상을 떠나시던 무렵의 나이가 됐구나.

이제야 겨우 어머니 영정사진을 아버지 사진 옆에 걸어 놓고, 똑바로는 아니지만 그래도 바라볼 수 있게 됐고,

감자꽃이 필 무렵인가? 아니구나~ 감자 캘 때가 됐구나, 하는 생각에 무작정 나서 본 것이다.

한참을 엉엉 소리 내며 울었는데 지금도 눈물이 난다. 줄줄 흘러내리는 눈물이 달라지지 않았다. 억지로 어머니에 대한 그리움을 떨치며, 어느덧 감자밭이 가까워진다. 어떻게 됐을까?

놀랄 일이다. 지금은 이미 수확이 끝난 후였지만 그 감자밭이 그대로 감자 농사를 짓고 있었다.

지금까지도 감자 농사를 짓다니~

차를 세우고 내려서, 감자밭에 널브러져 있는 넝쿨을 들썩여 본다.

지금은 계시지 않는 어머니지만. 감자 넝쿨 한쪽에 남아 있는 씨감자는 여전히 모든 양분을 다 빼앗기고 껍질 형태만 남아 있었고, 아주 작은 이삭 감자만 드문드문 매달려 있었다.

저 가끔 보이는 껍질뿐인 씨감자와

자식에게는 전부를 내어 주시는 어머니의 무한한 사랑이 어떻게 다르겠는가.

내년엔 감자꽃이 피어나기 시작할 무렵에 맞춰서 와 보고 싶지만…….
내년에는 오지 못할 것 같다.
아직은 서럽고, 안타깝고 그리운 마음이 사그라지지 않을 것 같고, 그 눈물을 감당할 자신이 없다.
강산이 한 번만 더 변할 때쯤이면, 울지 않을 수 있으려나…….

아버지와의
또 다른 갈등

어머니가 떠나신 우리 집은 풍비박산, 암흑, 모든 게 그대로 멈춰 버렸다.

어떻게 무얼 먹고 무슨 생각을 하며 살고 있었는지 기억나지 않는 날들이 지나고 어머니 49 천도재를 지낸 다음 날, 우리 집 앞에는 이삿짐 트럭이 도착했다.

기본 옷가지, 부엌살림 정도만 챙겨서 큰 녀석 쁜이는 걸리고 작은 녀석 직이는 제 어미 등에 업혀서 그야말로 최악의 분가를 하는 것이다.

그때는 이런 모든 상황이 아버지 탓인 것만 같아, 견디면서 도저히 함께 살 수가 없다는 것이 내 생각 전부였다.

그렇게 멀지 않은 곳으로 분가했고, 애들 엄마와 애들 보내서 제사, 명절 차례를 모셔 가면서 2년 정도를 지냈다.

그러던 어느 날 아침 출근길,
애들 엄마가 말했다.

"직이 아빠 오늘 할 얘기가 좀 있어. 저녁때 퇴근하면 술 마시지 말고 곧바로 와요."

"무슨 얘기?"

나는 퉁명스럽게 툭 던지고는 출근길이고 시간이 없어서 "알았어." 하고는 출근했다.

저녁밥을 몇 숟가락 뜨고 소주잔에 일단 서너 잔 마셨다.

"직이 아빠, 어제는 아버님 댁에 불이 날 뻔했대요."

나는 속으로 뜨끔했지만 내색하지 않는다.

"아버님이 가스 불 위에 찌개를 올려놓고 방에 들어와 잠깐 잠이 들었다가 불이 붙었다나 봐요."

나는 소주잔의 술을 꿀떡 넘기고는 물었다.

"그래서?"

"다행히 연기가 밖으로 나왔고 옆집에서 알아 신고를 해서 큰불이 되기 전에 끄긴 했대요."

나는 다시 한 잔을 따라 마시고는 또 따라 놓는다.

"이제 집에 들어가요. 아버님 혼자 생활하시는 것 다른 사람한테 전해 듣는 것도 이제는 죄스럽고 시간도 어느 정도 지나 직이 아빠 맘도 좀 나아진 것 같으니까요."

말없이 곰 같은 사람이 이런 말을 이렇게 적극적으로 하는 것에 당황스럽기도 했지만, 맞는 말이고 기다렸던 말이기에 고맙기도 하지만 혼란스러웠다.

아버지에 대한 원망, 미움이 완전히 없어진 것도 아니었지만, 세월이 약이라고 어느 정도의 시간이 흐른 뒤여서인지 내 입에서는 반박할 만한 말이 나오질 못했다.

  살던 집을 급하게 처분하고는 2년 전 집에서 나올 때처럼 간단한 절차로 다시 아버지와의 동거가 시작되었다.
  하지만 얼마 지나지 않은 시간에 다시 시작된 갈등.
  내심 마음 한쪽에 자리 잡고 있던 마음으로부터의 부담감 때문에, 다시 집으로 돌아와 아버지와 살고는 있지만,
  절대로 허물어질 수 없을 것 같고, 그러고 싶지도 않은 장벽에 아버지와 나는 형식적인 동거인으로 살 수밖에 없는 현실을 조심조심 살고 있었다.
  역시나 그런 생활은 그리 오래가질 못했다.

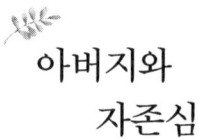
아버지와 자존심

"쁜이 아빠, 쁜이 아빠~"

별채 건넌방의 문이 덜커덩 소리를 내며 열리더니 애들 엄마가 소리치면서 울며 들어온다. 누워서 TV를 보고 있던 나는 깜짝 놀라 거의 반사적으로 자리에서 일어나면서 묻는다.

"왜! 왜 그래."

"아버님이 나더러 돈을 훔쳐 갔대!"

여전히 우는 소리다.

"어제 은행에서 돈 이백만 원을 찾아다가 방에다 갖다 놓았는데 없다는 거야. 그렇다고 나더러 가져갔대."

나는 그 말이 끝나기가 무섭게 뭐라 더 물어볼 것도 없이 뛰쳐나가서는 순식간에 안채로 달려가 아버지께 대들 듯이 달려들며 소리친다.

"아버지 무슨 말여요. 돈을 훔쳐 가다니요."

"야, 이놈아. 어제 돈을 찾아다 놓고, 나갔다 왔는데 없어졌어. 다른 사람은 아무도 집에 온 사람이 없는데 에미 아니면 누가 가져갔

겠냐!"
띵~~~
나는 너무 기가 막혀서 말이 나오질 않는다. 마음속으로는 "어디에다 뒀는지 잘 생각해 보고 다시 찾아봐요." 말했지만, 애들 엄마가 그런 짓을 할 수 없는 사람이라는 것을 나는 잘 알고 있었고, 아버지의 막무가내식 억지 고집 이기적인 생각들 또한 너무나도 잘 알고 있는지라 자식으로서는 담지 못할 거친 말들을 앞뒤 가리지 않고 쏟아부었다.

"알았어! 아버지랑 나랑은 절대 같이 못 사는 팔자인 거여. 다시 나가 줄게."

칼로 무 자르듯이 잘라 버리고는 씩씩대며 건너왔고 이것저것 꺼내고 집어 던져 가며 짐을 싸기 시작했다.

아버지는 잠시 당황한 듯하더니 같이 받아친다.

"그래, 이놈아. 나가, 당장에 나가 버려."

'그 아버지에 그 아들' 그 유전자가 어딜 가겠는가!

"쁜이 아빠 내가 잘못했어. 내가 말을 안 했으면 됐는데 제발 좀 참아 줘."

애들 엄마는 울고불고 난리가 났지만 나는 아직도 화가 풀리지 않은 목소리로 소리쳤다.

"그래도 나 같은 놈이니까 이런 꼴 보며 살지 누가 같이 살아!"

하지만 마음속으로는 이렇게 말한다. 누가 이 상황 좀 정리하고 말려 줘요.

그러나 나의 주변엔 그럴 만한 사람이 아무도 없다.

아버지의 막무가내식 생활 방식으로, 어머니가 돌아가신 이후에 다른 자식들은 아주 예전부터 아버지를 찾지 않는다.

애들 엄마는 나를 붙들고 여전히 참으라고 달래 보지만 나는 이미 스스로 자제할 수 있는 한계를 넘어섰다. 진정이 되질 않는다.

이리저리 내팽개쳐진 가재도구들 사이에 거칠게 숨을 몰아쉬며 털썩 주저앉았다.

애들 엄마를 바라보고는 말했다.

"가서 소주나 사 와라."

"직이 아빠 이제 그만 해요."

애들 엄마는 이 말을 반복하며 밖으로 나간다.

잠시 후 방 안.

술 쟁반 위에는 빈 소주병 하나가 넘어져 있었고 또 다른 한 병이 기울어지기를 반복한다. 달걀부침 안주는 아까 가지고 온 그대로다.

아버지와는 달리 술이 약한 나는 이미 몸을 제대로 가누지 못할 정도로 취해서 혼잣말로 중얼거리고 소리쳐 가며 분을 풀고 있다.

그렇게 난리를 피우는 사이, 학원까지 마치고 집으로 돌아온 여고 2학년이던 쁜이가 이 광경을 보고는 어쩔 줄 몰라 한다.

"아빠 참아! 그렇다고 지금 다시 또 집을 나갈 수는 없잖아."

밖에서 제 엄마에게 대충 얘기를 들은 것 같다.

"이제 그 정도 했으면 됐어요. 그만 마시고 주무시고 나서 내일 다시 생각하자."

여러 번 이런 일에 익숙해서인지 나의 유일한 소통구인 쁜이는 아빠를 금세 진정시켰고, 다시 아침이 되었다.

어제 마신 술이 아직도 덜 깬 나는 머리만 대충 감고서 안채로 건너가기는커녕 쳐다보지도 않고 출근한다.

아직도 화가 풀리지 않은 나는 머릿속이 복잡했다. 이따 저녁때 다시 시작해서 결국엔 집에서 또 나가야 하나, 참아야 할 것 같은데. 그러면 아버지는 당신의 행동이 문제없었다고 충분히 생각할 사람이고, 그러면 다른 일로도 또 일을 만들고 계속해서 더 심해질 것은 뻔하고….

화를 참지 못하고 이렇게 일을 키워 버린 본인 스스로에게도 자존심이 상한 나는, 출근은 했지만 일하는 내내 그런 생각에 도대체 일이 손에 잡히질 않는다. 내일은 휴일이고 약속도 있었지만, 퇴근 시간이 되자 나는 곧바로 집으로 향했다.

또다시 건넌방에 어제 그 자리.

내 앞에는 역시나 술상이 놓여 있었고 두 잔을 연거푸 따라 마신다.

너무 쓰다! 그런데 이제는 오기가 생긴다.

나는 아버지에 대한 분풀이가 어지간히 됐다는 생각을 했고, 이제는 무관심한 형제들 입장에서는 억지 같아 보일 수 있는 오기를, 혼자만의 생각으로 부려 본다.

이번에는 아무에게도 알리지 않고 그냥 집을 나가 버릴 것이다. 그래서 너희도 한번 혼자 사는 아버지 신경 좀 쓰이게.

아버지와 자존심

소 닭 보듯이만 살 수 없게! 한번 살아 봐라, 하는 오기다.

그동안 나는 보이지 않게 내세웠던, 다른 사람은 이해할 수 없는 아버지에 대한 나만의 자존심으로 살아왔고 그 때문에 그냥 넘어가고 했던 때와는 상황이 달랐다.

나는 술 한 잔을 순식간에 더 마시고 다시 따라 놓았다.

나의 자존심이 뭐지? 잠시 생각에 잠긴다.

다시 소주잔을 연거푸 비우는데, 전화가 끊기지 않고 계속 울린다. 유일한 내 우군. 쁜이다.

"그래, 쁜아."

"아빠 또 술 마시고 있구나. 내가 그럴 줄 알았어. 아빠 이따 얘기하고 내가 문자 보냈으니까 한번 읽어 보고 술은 그만 마시세요. 아빤 술도 못 마시잖아 할아버지보다도…."

나는 또 울컥했고 "알았… 어." 하고 전화를 끊었다.

다시 전화기 문자를 열어 봤다. 이제까지는 보지 못했고 다른 사람 누구도 전화 문자로 받아 보긴 드물었을 아주 장문의 글이었다.

그중에서 나의 가슴을 아주 꾹꾹 찔러 대는 대목.

"아빠 지금 다시 집을 나가면 이제는 할아버지가 언제 돌아가실지 모르겠지만, 그러실 때까지 돌아오지 못해요. 할아버지가 항상 너무하신 건 맞지만 그렇다고 그렇게 하면, 아빤 두고두고 평생을 후회하실 거예요. 이 정도까지만 하고 이제 그만해요. 저는 항상 아빠 편이잖아요. 제 말 들어요. 아빠, 부탁해요."

저 곰 같은 존재. 애들 엄마는 어디에 가 있는지 보이지 않았고, 나는 아주 작은 소리를 내며 흐느꼈다.
 고마움에 또 안도감에, 언제 저렇게 자랐지.
 쁜이 같은 내 맘 알아주는, 한 사람이라도 있다는 것이 다행스러워 달콤하지는 않지만 쓰지 않게 마실 수 있었던 몇 잔이었다.
 쁜이가 집에 오는 것도 보지 못하고 쓰러져 자 버린 다음 날 아침. 쁜이와 말없이 눈빛만 주고받았다,

 그냥 숨기고 넘어갈까 하다가, 왜 나면 힘들어야 하나, 그럴 수 없어. 하는 생각에 몇 마디 문자와 함께 큰누나와 매형에게 쁜이가 보내 온 문자를 보냈다.
 느끼고 반성 좀 하고 생각을 바꾸라는 뜻에서인데, 어떻게 받아 들였는가는 모르겠다, 큰매형이라는 사람한테서 답장이 왔다.
 "그래, 그런 일이 있었구나. 쁜이가 대견하구나." 정도였다.

 그 일이 있은 지 이틀 후 애들 엄마가 말한다.
 "쁜이 아빠, 아버님 돈 찾았대! 장롱 이불 사이에 잘 넣어 놓고는 기억이 흐릿해서 다른 곳만 찾았다나 봐."
 띵~~~
 "뭐라고?"
 내가 소리를 버럭 질렀다.
 "그래서! 그 말만 하고 다른 말은 없어?"

그러고는 끝이란다. 원래 그런 사람이지만, 그 정도 됐으면 아무리 자식 며느리여도 사과까지는 아니지만 실수했다고 표시 정도는 해야 하는 것 아닌가. 정말 기가 막히고 코가 막힐 노릇이다.

그렇게 나만의 반복되는 홍역을 치르고서 나는 다시 일상을 시작했다.

아버지의 별세

그렇게 몇 년이 지나고 2019년 늦여름.

거의 매일 아침이면 중앙시장, 역전시장으로 마실 나가시던 아버지가 갑자기 거동이 불편하시다.

불편하신 정도가 아니라 거의 걷질 못하신다.

그러면서도 한의원 가서 침 맞으면 낫는다고 고집하신다. 나는 더 이상 대꾸하지 않고 알았으니 좀 누워 계시라고 말하고 밖으로 나왔다. 뒤따라 나오는 애들 엄마를 보고는,

"큰누나한테 전화해서 이런 상황 말하고 한의원에 좀 모시고 갔다 오라고 얘기해. 나는 출근했다고 하고."

라는 말과 함께 나는 외출을 한다.

사실 나는 교대로 새벽 근무하는 직장에 어렵게 다녔었고 이날은 마침 휴무였다.

그렇지만 다시 또 자존심인 듯한 오기가 발동한 것이다.

어디 한번 두고 보자. 얼마나 어떻게 적극적으로 아버지를 돌보는지.

그렇게 맘먹은 나는 아예 무관심한 척 다음 날 출근, 또 그다음 날

도 무관심.

그리고는 며칠 후 애들 엄마한테 소식만 전해 들었다. 역시나 매형이라는 사람은 첫날 아버지를 단 한 번 모시고 한의원에 다녀왔고, 둘째 조카가 두세 차례 정도 다녀오고 끝이었다.

'이제는 내가 해야만 하는구나.'라고 나는 속으로 되뇌었다.
그리고는 아주 오래전 나 자신에게 다짐했던 말들을 다시 생각해 본다.
나는 아버지에게 따뜻하고 살갑게 하지 않겠다.
연세가 드셔서 안 되고 딱해 보이지만 지금까지의 세월을 아버지는 어떻게 사셨는가.
당신 자신만 소중하고 당신 자신만 배부르고 등 따시면 그만 아니셨는가. 같이 사는 아들 며느리는 그렇다 치고 손주들마저도 안중에 없고 오로지 당신 하고 싶으신 대로 지금 이 순간까지도 살아오시지 않았던가.
아버지가 거동을 못 하실 때가 되면 그때 가서나…
나는 모든 수발을 들어 드리겠다. 대소변을 받아야 할 일이 생기면 할 것이고 요양시설에는 보내지 않을 것이다.
이게 무슨 말도 안 되는 부자지간의 자존심 싸움인가. 부자지간인데 왜 이렇게까지 해야 하나.
나는 또 다르게, 생각을 해 본다.

기성세대인 우리 부모들이여, 똑같은 자식을 두고 불효자도 만들 수 있고 효자도 만들 수 있는 것은 부모의 몫이다. 싸가지 있는 놈 싸가지 없는 놈 만드는 것도, 그 책임도 부모이고 기성세대인 것이다. 이후로는 어느 누구도 우리 부자와 같은, 어이없는 자존심 싸움을 하는 부모자식 지간은 없었으면 하는 바람도 함께해 본다.

나는 이미 요양보호사 학원에 다니면서 자격증을 취득해 놓았고, 실습을 위해 잠깐이지만 요양시설에 근무도 해 경험을 쌓는 준비를 마치고 있었던 것이다.

다음 날 보훈병원.
휠체어에 아버지를 모시고는 이리저리 정형외과 접수에 또 치과 접수를 했다. 이제 병원에 모시고 간 길에 그동안 모른 척 외면해 왔던 아파하는 치아는 뽑고 치료할 것은 했고, 저녁이 다 되어서야 집에 도착했다.
나는 다니던 직장을 그만두고 집에서의 아버지 병간호를 시작했고, 그 후로 몇 차례 더 병원을 오가면서 치과 치료에 중점을 두었다.
그러나 길지 않은 시간에 아버지는 집안에서조차 스스로는 거동을 못 하셨고 겨우 부축해서 욕실에서 씻기고 용변 보시기를 했다.

"아버지, 아픈 치아 뽑고 치료하고 나니 그래도 훨씬 낫죠."

내가 살가워졌다.

"그래."

아버지도 기분 좋게 말한다.

"지난가을에 능이버섯 따 와서 말려 놓은 거 있는데 내일 백숙해 드릴게요. 토종닭이 좋아요~ 치아가 별로 없으니까 연한 닭이 낫겠죠?"

"그래도 토종닭이 좋지. 허허… 푹 오래 고아야 맛있다."

"그래요, 그럼. 내일 토종닭으로 백숙할게요."

다음 날 저녁, 상이 푸짐하게 차려졌고 나와 아버지는 술잔을 주고받았다.

얼마 만인가. 어머니 돌아가시고 처음인 것이다. 20년이 더 지나고서야 말이다.

아버지는 내가 절반쯤만 따라 드린 한잔을 드시고 잘게 찢어 놓은 다리 살을 한 젓가락 드신다. 그러고는 한 잔 더 달라고 하신다.

"괜찮겠어요?"

하는 내 말에 허허 한 번 더 웃으신다.

"한 잔 술이 어디 있냐. 입 댔으면 석 잔은 마셔야지…."

나는 빠르게 몇 잔을 더 마셨고 술자리가 무르익었다.

"아버지, 죄송해요. 제가 잘못했어요. 근데… 잘못했단 말을 못했어요."

내가 잠깐 흐느끼고서, 눈물이 많은 탓과 급하게 마신 몇 잔 술의 취기로 한동안 울었다.

이번엔 아버지가 입을 떼신다.

"그래, 그만해라. 남자는 가볍게 잘못했다는 말 자주 하는 것 아니다. 이제 됐다."

나는 아버지에게로 다가가서 끌어안았고 아버지가 따라 주시는 한 잔의 술을 더 마셨다. 많이 취했으나 정신은 말짱했다.

"근데 아버지, 왜 그렇게 돈을 안 쓰셨어요? 이 정도 갖고 계셨으면 좀 쓰시지 그랬어요~"

사실 아버지는 자식인 나에게는 그렇다 치고 손주들 초등, 중학교 입학 때 졸업 때, 하다못해 가방 사 주라고, 명절 때 옷 한번 사 입히라고, 용돈 한 번 내놓은 적이 내 기억엔 없었다. 설날, 세배하는 초등학생, 중학생이나 된 손주들에게 천 원짜리 몇 장으로 세뱃돈을 주시던 분이셨다.

치아가 별로 없으신 데다가 소주 몇 잔 드신 아버지는 힘겹게 어눌한 발음으로 쓸쓸하게 말씀하신다.

"이제부터 쓰지~"

"그래요, 아버지. 이제부터 쓰자고요. 허허허."

아버지를 부축해서 용변을 보시게 하고 자리에 눕혀 드린 나는 주무시란 말과 함께 방문을 닫고 나왔다.

부자지간의 정을 느낄 수 있는 자리였고 보름 정도 지난 후 아버지는 자리를 보전하고 대소변을 기저귀에 의지한 채 아예 거동을 못 하셨다.

나는 이전보다 더 부지런을 떨었다.

매일 아침 일찍 수건을 빨아 세수시켜 드리고 기저귀를 수시로 확인하고는 틈만 생기면 수건으로라도 씻겨 드렸고 사거리 아주 큰 약국에서 가장 비싼 욕창 방지 연고 등을 사서 발라 드리고 뿌려 드리고 정성을 다했다.

나는 속으로 다시 다짐한다. 돌아가시는 날까지 욕창만큼은 생기지 않게 할 것이고 또한 요양원으로 모시는 것은 생각지도 않을 것이라고….

그렇게 굳은 다짐을 했건만 아버지는 얼마 지나지 않아 세상을 떠나셨다.

돌아가시던 그날 아침.

다른 날과 마찬가지로 나는 아침에 일어나자마자 아버지 방으로 건너갔다. 애들 엄마는 아침 준비를 하느라 주방에 있었고 아버지 방문을 열고 들어가면서 "잘 주무셨어요?" 하는데 바라보시질 않고 심상치 않다. 아버지 눈의 초점이 이상하다.

"아부지!!"

나는 빠르게 아버지 앞으로 갔다. 아버지는 눈만 꾸벅꾸벅 하셨고 입 주변엔 구토한 흔적이 약간 보인다.

"아버지, 왜 그래요!"

나는 소리쳤다. 입 주변을 얼른 물휴지로 닦아 드리며 "괜찮아요?" 했는데 안 되겠다.

"쁜이 엄마. 누나들 쪽, 막내 모두 연락해서 빨리 오라고 해."

나는 예감이 좋지 않았다. 아버지는 준비하고 계시는 것 같았고 자식들을 기다리고 계시는 것 같았다.

그렇게 시간이 지나 하나둘 모이고 막내까지 올 사람은 모두 왔다. 아버지는 눈동자만 조금씩 움직이시며 모두를 살펴보시는 것 같았다. 나는 갑자기 눈물이 쏟아진다.

어머니 때는 느끼지 못했던 죄스러움, 너무 늦은 것 같은 후회, 며칠만 더 사셨으면 하는 막연한 기대. 아직 할 말이 조금 더 남았는데….

너무나 많은 생각이 소리 내어 울고 있는 내 모습과 더해 혼란스럽기까지 했다.

"아버지, 제가 잘못했어요. 이제 엄마 계신 곳으로 가서 편안하게 지내세요. 아버지도 '내가 잘못됐었다' 하고 생각하시죠? 이제 서로 용서하고 괴로워하지 마세요."

하고 크게 말하고 싶었는데……. 하지 못했다.

운명하신 후에라도 말했어야 했는데 너무 정신이 없어서? 눈물이 많이 나서?

지금도 모르겠다.

하지만 이제는 먼 곳에서나마 이러한 내 마음을 알고 계시리라 믿기에 가볍게 마음먹으려고 노력하는 중이다.

아버지! 우리 가족사에 있어 특별하고도 큰 별이 졌습니다.

그런데 저는 왜 어머니 먼저 생각이 날까요. 어머니 그립습니다. 지금까지도 또 앞으로도 그리울 것 같습니다.

그런데 왜 아버지께는 그리움보다 후회가 앞서는지 모르겠습니다. 나는 잘못이 없는데 말입니다. 그러나 잘못했습니다, 아부지.

사랑합니다, 아버지!

아버지 장례를 치른 날 저녁 나는 술에 취할 수밖에 없었다.

형제들은 모두 각자의 집으로 돌아갔고 이젠 나의 가족만 남았다.

"얘들아, 이리 와 봐라."

나는 쁜이와 직이를 다시 불러 앉혔다, 갑자기 할 말이 생각났다.

"아빠는 너희에게 물려줄 것이 없다. 이 집은 오로지 너희 할아버지 할머니의 노력으로 장만해서 아빠에게 맡겨 주신 것이고 아빠는 잠시 맡아만 놓고 있다가 어느 시점에 너희에게 돌려줄 것이다.

그것이 너희에게 남기시려는 할아버지와 할머니의 뜻이고, 얼이라고 아빠는 생각한다.

아빠는 가진 것도 이룬 것도 없어 너희에게 물려줄 재산은 없지만, 아빠의 사랑과 인간의 올바른 삶을 사는 방식은, 듬뿍 물려줄 자신이 있고 그러고 싶다."

내 술잔은 몇 번을 계속해서 비웠다 채웠다를 반복했고 어찌 된 일인지 정신은 말짱했는데 몸은 휘청거린다.

"아빠, 이제 술 그만 드세요. 그리고 아빠 뜻 충분히 알았고 아빠 힘든 마음도 알겠으니까 오늘은 그만해요."

뽄이의 목소리가 점점 작게 들리면서 나는 쓰러져 갔다.

아버지 49 천도재를 지내고 나서야 세상이 다시 보이기 시작한다.
TV 뉴스에서는 매일매일 걱정이 더해지는 전염병 소식이 반복된다. 고혈압 환자에게 치명적이라고 한다.
3년 전 고혈압으로 인한 협심증으로 쓰러져 스텐트 시술을 했던 나로선 걱정을 넘어서서 공포스럽기까지 한 시간이었고 소식들이었다.
코로나 팬데믹!
가만히 생각해 보면 그까짓 게 뭐라고.
지금에 와서 인생에 무슨 미련이 많으냐고 스스로에게 말하고 싶지만, 인간은 나약하고 욕심 많은 존재일 뿐이고 나도 그중에 하나라는 생각이 들었다.
'나는 아직도 할 일이 남았는데.' '지금 죽으면 안 되는데.' '할 일을 남겨서 무섭다.' '하지만 억울하지는 않을 것 같다.'라는 생각을 또 해본다.
또한 나는 쓰러질 듯 일어서고 온갖 우여곡절 끝에 이렇게 스스로에게만큼은 부끄럽지 않게 살아왔다고, 그 스스로를 위로해 본다.

그렇게 그렇게, 또 세월이 흘러서 아버지 세 번째 기일이다.
나의 형제들이 모였다. 그다지 정겹지 않은 엄숙한 분위기에서 아버지 제사가 끝났고, 모두 상 앞으로 모여 앉았다. 내가 말을 꺼냈다.
"어느 날 문득 그런 생각이 들더라.

이제는 나도… 아직 죽을 나이는 되지 않았지만 죽을 준비를 해야 하는 시기가 온 것 같다는 생각을 해 봤다.

섬뜩하고 서글픈 생각일 수도 있지만, 어떤 면에선 마음이 편안해지고, 되레 안정을 찾을 수 있었다.

그래서 그 준비의 첫 번째를 어머니 편하게 해 드리는 것으로 나름대로 정했다.

올해가 윤년이어서 어머니를 아버지 계신 현충원에 모시려고 마음먹고 있으니 그렇게들 알고 계셔라…."

내 말이 끝나자 큰누나 일순이 기다리고 있었다는 듯 약간 상기된 목소리로 말했다.

"그래, 잘 생각했다. 그렇게 마음먹고 있었구나. 잘했다."

말을 꺼내지는 못하고 속앓이만 하고 있던 표정이 역력했다.

"윤년이라 쉽지 않을 건데 화장장 예약이라든지 현충원 봉안 문제들을 왕성이 네가 준비 잘해서 잘 모시자."

대성은 그냥 말이 없다.

나는 대성을 비스듬히 바라보았다. 생각이 나와 달라서가 아니라 '원래 그런 성격이니까.'라는 생각은 들지만, 그래도 아버지 어머니 합장해 드리는 문제인데, 한마디 했으면 하는 서운함에 잠시 생각하지만, 그냥 넘어간다.

큰누나 일순이 다시 말을 한다.

"지금 얘기지만 아버지가 이번 코로나 전에 돌아가셔서 그나마 다행이지. 한창 심할 때 돌아가셨으면 어쩔 뻔했냐."

무심코 나온 말이고 몇 안 되는 형제지간에 서로 위안으로 삼고자 한 말이겠지만, 나는 갑자기 얼굴이 벌게졌다.

어쩜 저렇게 말할 수가 있지?

달라도 너무 다르구나, 나는 이 사태를 지내 오면서

아버지가 생전에는 당신 혼자만 아시고 독선, 고집 등… 그러셨지만, 생을 마감하실 때는 자식들 덜 힘들라고, 왕성이 저놈 마음 가벼우라고 미리 돌아가셨구나. 감사하다.

이런 생각이었는데….

옛날 어른들이 '한 배에서 나온 자식인데 어쩜 저렇게 다를 수가 있느냐.' 하는 말들을 들은 적은 있지만

어떻게 부모와 자식 지간의 일인데 이렇게 인식의 차이가 있을까. 토를 달고 부딪치진 않았지만 씁쓸할 뿐이었다.

어머니를 아버지 계신 곳으로 잘 모셔 드리고 또 시간이 지나 현충원에서 문자가 왔다.

'○○○님의 배위의 봉안이 완료되었습니다.'

아버지 어머니 이제 그곳에서 모든 시름 다 벗어 버리시고, 저희 걱정은 거두시고, 이제는 두 분만이 따뜻하고 살갑게 잘 지내세요.

저희 자식 손주들은 각자의 위치에서 최선을 다하며 살겠습니다. 당분간은 자주 찾아뵙지도 않을 겁니다. 옛말에 정을 떼는 것이라는 말이 생각이 납니다.

어머니, 그러고 싶습니다.

삶

"아빠~ 팔아도 되겠는데?!"

워낙 무뚝뚝하고 말이 없어서 아빠가 막대기라고 별명 지어 준 둘째 녀석 직이가 제 딴에는 분위기 맞춘다고 한 말이겠지만 내 어깨엔 힘이 들어가고 뿌듯하다.

올해는 내가 아버지 어머니를 하루라도 빨리 합장해 모셔야 한다는 마음의 부담에서 벗어나 홀가분해졌고, 더군다나 그 과정이 매끄럽고 무난하게 치러졌다는 것에 조금이나마 위안이 되었던 해이고 숨 가쁘게 살아온 내 인생사의 전환점이고 싶은 해이다.

"아빠 정말 맛있어!"

쁜이도 한마디 거든다, 곰은 역시 별말이 없다.

날이 날이니만큼 한 번 정도는 건배를 해 줘야 할 것 같지?

나의 말에 두 녀석이 맥주잔에 소맥 한 잔씩 을 서둘러 만든다.

"아빠는 사랑하는 만큼 따라 줘야 한다."

"알았어, 아빠. 오늘만~"

하면서 쁜이가 아빠 것엔 맥주잔이 넘치도록 가득 따랐다.

소주 비율은 얼마 되지 않는 것 같지만 말이다. 협심증 시술 후 아주 철저하게 아빠의 건강을 체크하고 챙기는 쁜이가 대견하고 고맙기만 한 아빠다.

"오늘은 아빠 엄마의 날이고 아빠가 대장이니까 건배사를 합니다."

"오늘 어버이날을 맞아 처음으로 뜻깊은 자리를 만들 수 있게 해준 너희에게 고맙고, 이름 있는 장소에 고급스러운 펜션은 아니지만, 우리만의 글램핑장에서 아빠의 요리와 함께합니다.

그리고 아빠 카네이션은 앞으로 20년 후부터 받습니다. 그 정도 나이는 돼야 꽃을 달고 다니지 그 전에는 못 달고 다닙니다, 쪽팔려서~

엄마 거는 나는 모릅니다. 참고로 아빠 꽃값은 현찰로 주세요.

이상 꼰대 아빠의 건배사였습니다. 건배~~~"

사실은 약 보름 전부터 쁜이가 그동안에는 할아버지도 계셨고, 한동안 여러 가지 사정도 있어서 생각도 못 했는데 이번 어버이날엔 우리가 펜션을 예약해 놨다고 이틀 연차 내서 바람 쐬러 가겠다고 한 것을 내 고집으로 취소시키고 다음 기회로 미뤘기에 썩 유쾌한 기분은 아녔었다.

게다가 그러면 가까운 식당에라도 가자는 것을 아빠의 원두막에서 아빠의 요리로 대체한 것이다. 이것 또한 내 마음대로 말이다. 그러니 아빠의 건배사가 길어질 수밖에….

정말 내가 했지만, 나만의 간장찜닭은 기가 막힐 정도는 아니었지만 맛있었다.

두 번째 잔부터는 맥주로만 마셨지만, 간만에 마신, 적지 않은 술에 나는 기분 좋기가 이루 말할 수 없다.

아빠가 술 마셔 기분 좋아지면 뒤따라 다니는 것, 아빠의 말씀! 애들한텐 잔소리.

"너희가 생각했던 펜션 나들이, 그런 멋진 일정은 아니지만, 그 못지않게 오늘이 고맙고 아빠는 기분이 좋다."

나는 맥주지만 연거푸 3~4잔을 마신 덕분에 그 기운으로 목소리에 힘이 생겼다. 애들은 '아빠 또 시작이구나.' 하는 눈치였지만 말이다.

나는 절반 정도 남은 맥주를 쭉 마시고는 말을 이어 갔다.

"아빠는 너희들 공부하는 학생 시기에 단 한 번도 '공부해라.'라는 말을 한 적이 없는 것을, 너희가 잘 알 것이다.

아빠도 물론 그 시기를 겪었었고, 이제까지는 이런 말을 하지 않았었지만,

아빠는 장남이라는 이유만으로 너희들 할아버지로부터 지금 이 시대에는 상상할 수도 없는, 공부에 대한 압박을 받으면서 또 무서워하면서 그 시절을 보낸 기억이 지금도 생생하다.

그 후 군대 제대하고 결혼을 해야 할 시기쯤에 아빠는 마음으로 다시 결심한 것이 있었다.

앞으로 내가 결혼을 하고 자식을 낳으면 '나는 자식에게 공부하란 말을 단 한 마디도 하지 않고 키울 것이다.'라고 말이다."

나는 다시 술잔에 맥주 한 잔을 가득 따라 마시고는 말을 이어 갔다.

"아빠는 너희에게 그 결심을 지켜 왔고 가르쳐 왔다. 부모라는 입장에서 생각해 보면 공부를 더 많이 했으면 하는 아쉬움은 있지만, 그것에 대해 후회하지는 않는다.

아빠 눈에는 너희는 잘 자라 줬고 그런 과정에 의한 확신이, 아빠의 성공한 가치관이라고 스스로 평가한다.

그래서 아빠는 과감하게 두 번째의 시도를 하려 한다.

너희들 결혼문제.

어서 결혼해라. 이렇게 하지 않을 것이다. 이제는 너희도 어엿한 성인이고 각자의 앞가림을 할 수 있을 만큼, 또한 치열한 지금의 사회 속에서 경쟁할 수 있을 만큼, 능력을 갖춘 구성원이지 않으냐!

그런데 부모라는 이유만으로,

자신의 만족을 이루고자,

결혼을 포함해서 자식의 인생관까지 간섭할 수는 없다고 본다.

부모 스스로 하지 않아서 또는 못해서 이루지 못한 공부, 출세, 부의 축적 등을 자식을 통해서 이루려고, 또 자랑하려 하는 그런 삶을 살지 않겠다는 것이 아빠의 오래된 생각이란다.

너희 스스로 잘 계획하고 실천해서 각자의 만족하는 인생을 살아갔으면 하는 바람이다.

이제 겨우 한 가지 말했는데… 길어지네~

그래도 할 수 없지요. 오늘은 아빠의 날이니까.

아빠가 김자반 볶음밥을 다음 버전으로 하려고 했는데 술이 삼삼~ 해져서 안 되겠다. 엄마한테 기회를 줘야지. 엄마는 주방으로 퇴장하세요~

쁜아 직아 중간 건배, 셋이서만 한 번 하자 까짓거!

김자반 볶음밥을~ 위하여~"

아빠는 또 꼰대를 이어 간다.

"호랑이는 죽어서 가죽을 남기고 사람은 죽어서 이름을 남긴다는 말이 있다.

아빠도 인간의 한 존재이기에 다른 이들로부터 존경받고 이름을 남기고 싶은 욕심이 왜 없겠느냐만, 안타깝게도 그럴 수 없는 현실이기에 그런 생각을 해 본 적은 없다.

하지만 내 자식으로부터만은 '이 세상에서 가장 존경하는 인물 1위는 아빠야!' 하는 말을

내 자식들이 아무런 의심 없이 자신 있게 말할 수 있는 아빠가 되고 싶다.

자식의 뜻, 생각을 존중해 주고, 비록 아빠의 타고난 성격 체질상 말을 점잖고 부드럽게 하지 못하고 많이 부족하지만, 자식들에게만이라도 존경받는 아빠가 되고 싶은 게 아빠의 꿈이고 나머지 인생의 목표야."

어느새 애들 엄마가 볶음밥을 해서 한 그릇에 담아 왔다.

"그리고 당신한테도 한마디 할게.

당신이 다른 모든 걸 다 할 순 없겠지만, 운동 열심히 하고 건강관리에 최선을 다하며 살아야 해.

자식에게 물려줄 경제적 유산은 없으면서 늘그막에 아파서 자식들 인생에 걸림돌이 되고 힘들게 해서는 안 된다고 나는 생각해. 그런 마음에서 나는 힘들고 재미없고 귀찮아도 운동 열심히 하고, 먹고 싶은 것 절제하고, 약 잘 챙겨 먹고 술 덜 마시고 그렇게 사는 거야.

아직은 생각만이지만, 나는 어느 시기가 되면 연명치료 중단 신청을 해 놓을 것이고, 장기기증 절차도 밟아 놓을 거야. 오로지 나 개인만의 생각이고, 당신한테까지 강요하는 것은 절대 아냐, 그런 결정은 오직 각자의 몫이니까.

아무튼 건강관리 잘하며 살란 말을 하고 싶어.

쁜아 직아, 오늘 기분 좋은 날에 너무 길어졌지만, 한마디만 더 할게.

아빠가 어떤 때는 좀 심하기를 넘어서는 말까지 하고 도 넘은 성질 부릴 때도 있지만.

나이 먹고 늙어 가면서 점잖게 화내는 방법을, 연구하며 배우고 노력하고 있어.

너희도 각자의 삶을 위해서 최선을 다하는 사람이 되길 바랄게. 아빠 말 다했어. 끝.

우리 전국적으로 다시 한잔 마시고 아빠가 노래 한번 할게.

당~ 신과 나~ 사이에 저 바다가 없었다면 쓰~ 라린 이별만은 없~ 었을 것~ 을……."

너무도 보고 싶은 어머니를 그리며.
마치 나 왕성의 사모곡 같은 노래인 엄마의 18번 '남진의 가슴 아프게'를 나는 가느다란 떨림이 섞인 술 취한 목소리로 부르고, 그 소리는 나머지 가족 모두의 귓가에 숙연하게 들려온다.

에필로그

60년을 살아온 60년대생, 당신
&
그런 부모님과 함께하는 90년대생, 당신

아직은 여력이 넘치는 기성세대로서의 당신.

당신은 어렸을 적,

새마을 운동이라는 본격적인 산업화를 이루려는 나라 정책에 맞춰 아침마다 빗자루를 들고나와 골목 청소를 했었고, 목구멍이 포도청이라는 말을 실감케 하는 먹고살기 힘든 시대.

혼분식 먹기 장려 운동이라 해서 도시락에 보리쌀 섞여 있는 비율을 선생님께서 검사하고, 밀가루를 포대로 배급받아 수제비, 칼국수를 입에 물리도록 먹어 온 기억이 있습니다.

반세기가 지난 지금은 어떤가요? 그때 기준으로는 상상도 할 수 없었던, 걸어 다니면서 전화를 하고, AI 인공지능이라는 인간의 무섭고 무한한 능력을 목도하며 살고 있습니다.

당신은 이 현실에 감사해야 합니다.

국가에 감사하고, 사회에 감사하고, 특별한 능력을 꾸준히 다져 온 능력자들에게 감사해야 합니다.

또한 보답해 주어야 합니다.

우리 사회의 청년들, 새싹들, 그들에게 바른길을 갈 수 있는 여건을 우리가 만들어 주어야 합니다.

일부의 모순된 구조로 인해, 나 자신을 포장해야 하고 또는 다른 이들을 포장해 주고 '립 서비스' 해 줘야 하는 현실. 거짓을 눈감아 줘야 하고, 불의를 외면해야 할 상황이 당신에게 맞닥뜨릴 수 있는 현실이 안타깝기는 하지만. 그래도 기성세대로서 최소한의 책임감, 양심을 가져야 이 사회의 젊은이들에게 밝은 미래가 있을 수 있습니다.

어른이고 부모로서의 당신에게는 이미 책임이 주어져 있습니다.

이 사회의 아주 소중한 구성원인 당신의 아들 딸자식부터, 완전한 인격체를 만들어 주어야 합니다. 곧고 바르고 인간미 넘치는 인성을 형성시켜 주어야 사회 부적응자가 되지 않게 되고, 그렇게 하는 것에는 가정교육, 밥상머리 교육이 중요합니다. 이를 통해 완성해 주어야 할 책임이 부모인 당신에게 있는 것입니다.

그렇게 하는 것이 이 사회가 삭막하지 않고, 사회문제 없는 구조가 되는, 밑거름인 것입니다.

이에 맞게 나 자신도 다듬어야 합니다. 요즘 말로 꼰대같이 내 주장만 하지 말고, 나이대접만 받으려고도 하지 말고, 말 한마디 행동

하나 모범을 보이려 노력해야 합니다.

　손주들 유치원, 학교 갈 때는 꼭 건널목으로 손들고 건너라 해 놓고, 본인 자신은 보는 사람 없으면 눈치 보면서 추저분하게 무단횡단 하는 행동, 나는 나이 먹었으니까 차들이 알아서 피해 가겠지 하는 생각을 해서는 안 됩니다.

　인간사. 자기만족 하면서 사는 게, 속된 말로 제 잘난 맛에 사는 게 인간의 본능이라지만, 같이 어우러지며 사는 것 또한 중요합니다.
　'기브 앤 테이크'란 말이 있습니다,
　돈 빌려준 것은 정확히 기억하고 있지만 빌린 것은 잘 기억 못 하듯이 물질적 정신적, 테이크 한 것은 생각 못 하고, 기브 한 생각만 남게 되는 것이, 어찌 보면 인간의 본능일 수도 있습니다,
　하지만 이 두 가지 모두를 조화롭게 잘 판단해서 살아가는 것이 중요하다고 말합니다.

　영원한 아군도 영원한 적군도 없다.
　언뜻 생각할 수 있는 특별한 조직체에 있는 사람들에게만 해당하는 말이 아닙니다.
　우리 모든 이들의 인생사에서도 영원한 아군도 적군도 없는 것이, 인정하고 싶지 않지만 그렇지 못하는 서글픈 현실입니다.
　그것에 잘 처신하며 살아야 하는 것이 필요한 이 사회에서 지혜롭

게 사는 것입니다. 지식도 중요하지만, 그것보다 훨씬 더 중요한 것이 지혜로운 것입니다.

효자도 부모가 만들고, 불효자도 부모가 만드는 것이라 생각합니다.
효도하는 길을 몸소 보여 줬어야 했고.
여건을 만들어 줘야 항상 착하게 효도할 수 있는 준비가 되어 있는 내 자식들이 효도할 수 있게 돼서 효자로 남을 것입니다. 그렇지 못하면 불효자식을 두는 것입니다.

청년들아.
친구들하고는 장난도 잘 치고 세련된 개그도 잘하고 말도 잘하면서, 아빠한테만 멋대가리 없는 아들들아. 또 아들같이 재미없는 딸들아.
엄마, 아빠 한 번씩 안아 드려 다오.
1년에 한 번도 좋고 두 번, 세 번이면 더 좋고, 꼭~ 안아 드려라.
어색하고 쑥스럽고 이상하면 술 잔뜩 마시고 온 날 안아 드려라. 술을 못 마시면 마신 척이라도 하고 안아 드려라.
사랑한다, 죄송하다, 감사하다, 말 안 해도 좋다. 힘껏 안아만 드려라. 아빠 엄마는 우리 청년 아들, 청년 딸들이 말을 하지 않아도, 그 맘을 100%가 아니라 200% 다 아신다.
왜?
엄마, 아빠니까!

이것 한 가지만 할 수 있어도 훗날 아주 먼 훗날. 후회하고 가슴 아파질 시기가 오면 조금이나마 위안을 찾을 것이다.

하지만 그것마저도 못 한다면 많은 기간 안타깝게 후회하는 시간을 갖게 될 것이다

사랑한다!

당신들 모두.
이런 마음으로 살아간다면.
이 사회에 무시받으며 권리 못 찾는 사람이 없을 것이며, 서로 감정 상하고 얼굴 붉히는 일 없이 웃을 수 있습니다.

당신 모두는 이 나라 이 사회의 기둥입니다.